给孩子的**历史启蒙书** 少儿彩绘版

中国历史故事 6

隋唐五代

毕培忠 著

中华书局

图书在版编目(CIP)数据

中国历史故事. 隋唐五代/毕培忠著. —北京：中华书局，
2022.7(2024.12 重印)
（中国历史故事）
ISBN 978-7-101-15685-0

Ⅰ. 中…　Ⅱ. 毕…　Ⅲ. ①中国历史-隋唐时代-儿童读物
②中国历史-五代十国时期-儿童读物　Ⅳ. K209

中国版本图书馆 CIP 数据核字（2022）第 053352 号

书　　名	中国历史故事（隋唐五代）
著　　者	毕培忠
绘　　图	竞仁文化
丛 书 名	中国历史故事
责任编辑	刘晶晶
封面设计	王铭基
责任印制	陈丽娜
出版发行	中华书局

（北京市丰台区太平桥西里 38 号　100073）
http://www.zhbc.com.cn
E-mail：zhbc@zhbc.com.cn

印　　刷	大厂回族自治县彩虹印刷有限公司
版　　次	2022 年 7 月第 1 版
	2024 年 12 月第 6 次印刷
规　　格	开本/787×1092 毫米　1/16
	印张 5½　字数 78 千字
印　　数	23001-26000 册
国际书号	ISBN 978-7-101-15685-0
定　　价	25.00 元

精彩的历史，好看的故事

——致读者

几乎每个中国人都知道，中华文明有"上下五千年"之久，现代考古学研究则告诉我们，在五千年之前，中华大地上的聚落和城邑已星罗棋布，不同的群体聚居在各地，共同向文明迈进，最终汇聚成统一而包容的中华文明。今天，我们能从文字记载中考察到的中国历史，最远也可以上溯到那个文明交汇的部落时代——记录在神话与传说中。从远古的三皇五帝，到辛亥革命推翻帝制，几千年来，一代代史家用文字郑重地书写着我们民族的历史，从未间断，这在世界上是独一无二的。

前人为我们留下了数不清的历史文献，这些皇皇史册连缀起一条中国古代历史的长河，映照出了河水中的朵朵浪花——一个个跌宕起伏的故事、一群群生动鲜活的人物……

历史不是尘封的记忆，而是曾经活生生的现实，阅读历史也就是从另一个角度观照现实。人们常说"以史为镜"，读历史，可以让我们从前人的成功与失败中获取经验，总结教训，跳出自身阅历的局限，增长为人处世的智慧。而读中国历史，更能让我们了解中国传统文化，提高文史修养和综合素质，尤其有益于语文学习。

这套《中国历史故事》取材于"二十四史"、《清史稿》、《资治通鉴》等中国古代最重要、最有价值和成就最高的史籍，故事个个有出处。与满篇"之乎者也"的文言文原著不同，它用通俗活泼的语言讲故事，在故事里介绍历史上的重要人物和事件，并配有彩色卡通插图，读起来妙趣横生，一点也不枯燥。

故事后面的"知识卡片"可以让小读者了解每个时代的科技、文学等独特成就，有的篇章还总结了与故事相关的名言名句和源于故事的成语典故，希望小读者可以了解更丰富的传统文化，积累语言素材。部分故事的最后还设置了"你怎么看"环节，鼓励大家读完故事后积极思考，勇敢表达自己的看法，从小培养独立思考的习惯，促进辩证思维和创造思维的发展。

让小读者领略中华民族悠久而动人的历史，了解我们的祖先曾经走过的路，并能从中有所收获，是我们策划这套书的初衷。一代代中国人，正是阅读着这些精彩篇章长大的，而中国文化也正是在历史的阅读中传承与绵延。期待小读者能喜欢上我们这套彩绘版的《中国历史故事》，并且收获多多。

中华书局编辑部

目 录

杨坚渡江，陈后主吓得躲井底

隋（suí）文帝杨坚这个外祖父，抢了外孙的皇位，心里总有点不是滋味。他想做些惊天动地的事，来洗刷一下阴谋家的恶名。

那，干啥事呢？

自西晋灭亡后，南北分裂动乱了二百多年。苻（fú）坚要统一江南，失败了。祖逖（tì）、桓（huán）温他们要北伐，也失败了。但是，统一是大势所趋。因此，杨坚想做的大事是——消灭南方的陈国，统一江南。

真真假假，累晕陈军

隋军定下了先疲后打、东西呼应的战略。他们派间谍潜入江南，毁坏陈军的军用物资，重点是烧毁粮仓，扰乱军心。隋军每次换防时，都虚张声势，假装他们

要渡江攻打陈军。等到陈军调兵布防,他们又收兵回营。这样几次后,陈军奔来跑去,疲惫不堪,渐渐放松了警惕。隋军还将老马卖到江南,买回船只,偷偷地藏在内河,又将破旧的船只停留在江上,让陈军误以为隋军缺船,难以渡江,因而更加放松戒备。

隋将杨素在四川广造战舰,训练水军。新造的大船起楼五层,高一百多尺,可容纳士兵八百人,较小的战船也可载近百人。他还按杨坚的旨意,故意将制作大船的废料放入江中,让其顺着江水漂向下游,威吓陈军,动摇他们的军心。

杨坚又派兵占领了江陵,控制长江中游,以阻断上下游的联系。

这样,南征陈国的条件终于成熟!

隋军不能把我怎么样

南方的陈国,这时的皇帝叫陈叔宝,被后世称作陈后主。他登基后,大兴土木,沉迷酒色,根本不把国事放在心上。陈后主有个宠妃叫张丽华,是个绝代美女,把陈后主迷得神魂颠倒。他常常让张丽华坐在自己的腿上,抱着她听大臣奏事。他重用的大臣也溜须拍马,行贿(huì)受贿,把朝廷搞得乌烟瘴(zhàng)气,失去民心。

隋军大兵压境,前线战报像雪片一样飞来。陈叔宝作为一国之君,怎么应对呢?

他照样花天酒地,还大言不惭地说:"王气在这里,隋军前来,又能把我怎么样?"手下大臣也乘机献媚,说:"长江天险,自古难渡,隋军难道长了翅膀吗?这肯定是防守边境的将士为了邀功在胡说八道。"于是,君臣依旧纵酒行乐。

不久,隋军派五百精兵趁夜悄悄渡江,在采石矶(jī)登陆。喝得东倒西歪的陈军将士正在呼呼大睡,还没来得及抵抗便被歼灭。还有一路人马趁

名言名句 商女不知亡国恨,隔江犹唱后庭花。(〔唐〕杜牧)

满天大雾，从广陵（今江苏扬州）渡江，攻占京口（今江苏镇江），与采石矶处的隋军东西呼应。两军对建康形成夹击之势。此时，上游的隋军也顺江流东下，直扑建康。

在井底的不一定是青蛙

火烧眉毛了，陈叔宝才如梦初醒！

可是，他拥有十万将士却不知如何应敌，只是日夜啼哭，二十天后才决定孤注一掷，令陈军出战。但缺乏训练的陈军哪里是隋军的对手，很快便一哄而散，纷纷投降。

城内文武百官知道隋军入城，都慌张地逃跑了。陈叔宝也带着贵妃张丽华等逃走了。

隋军进入皇宫后，到处都找不到陈叔宝。正在纳闷儿，有个士兵忽然发现一口枯井，里面似乎有人，于是趴在井沿大喊，然而无人答应。士兵急了，大声说："再不出来，我们就推石头下来了！"井里面的人这才讨饶。士兵放下绳子往上拉人，觉得很奇怪——怎么这么沉呢。拉出来一看，有陈叔宝，还有张贵妃和孔贵嫔。杜牧诗句"门外韩擒虎，楼头张丽华。谁怜容足地，却羡井中蛙"，嘲讽的便是这段史实。

陈后主被俘，陈朝灭亡，二百多年来分裂的中国，在隋文帝杨坚的手上，又得到了统一。相比杨坚

之前想统一江南的人，杨坚无疑是幸运儿。然而没有谁的幸运，是凭空而来的，你必须很努力，才能遇上好运气。

（故事源自《资治通鉴》）

设计巧妙的赵州桥

赵州桥又叫安济桥，位于河北赵县，它是隋朝的石匠李春设计建造的，距今已有1400多年了，是世界上现存最古老、最大的单孔石拱桥之一。赵州桥采用圆弧拱形式，主孔净跨度为37.02米，拱高7.23米，这样的设计，不仅便于通行，而且使桥身受力更加合理。大石拱两肩上各建两个小拱，既减少了水流对桥身的冲击，又减轻了桥身的重量，节省了材料，是建桥史上的一个创举。桥面两侧有栏板，栏板上雕刻了精美的图案，具有较高的艺术价值。

你怎么看？

隋军直接进攻建康的兵力不足六万，而陈军在建康城内就有将士十万，如果陈叔宝能拼死抵抗，能守住京城建康吗？

盗贼越来越多了

"着火啦！着火啦！"

宫中宦官大声地呼喊，惊醒了睡梦中的隋炀（yáng）帝。他从床上爬起来后，就往大殿外的草丛里跑。

隋炀帝蹲在草丛里，两眼盯着西院的大火，似乎在寻找什么。没多久，大火被扑灭了，他才假装淡定地走出草丛。

"皇上来了，皇上来了。"侍卫见隋炀帝突然出现，大吃一惊，连忙下跪说道，"西院着火，惊动了皇上，臣等罪该万死！"

"起来吧，多派几个人去查一查宫中有没有刺客。"隋炀帝这才说出了他的担心。原来，他是担心有刺客，怕刺客用放火转移众人的注意力，然后乘机杀了他。

皇帝，是一个高危的职业，必须随时保持应激状态。

漫天的萤火虫

一天，隋炀帝突然问道："晚上怎么看不到萤火虫？"

"回皇上，现在不太热，所以还没有那么多萤火虫。"一名宦官赶紧回话。

"朕想看萤火虫，你赶快找些人去逮萤火虫，我要借着萤火虫的亮光游山。"他又看了看那几个侍卫，说道，"你们几个留下，其他人都赶快去逮萤火虫。"

大家你看我我看你，不明白他们

的皇帝这是怎么了。

尽管这样，他们还是赶紧跑了去逮萤火虫。抓了三四个小时，足足抓了五六斛（hú，那时一斛为十斗）。隋炀帝非常高兴，带着大家到西内苑，把这些萤火虫放出来。

霎（shà）时，黑暗的山谷中有如出现了满天的星斗，十分美丽。

这一刻，隋炀帝忘了各地风起云涌的农民起义，忘了越剿越多的盗贼，他那颗担惊受怕的心这才安静下来。然而，大家都知道，宫中一次偶然着火，就把皇帝吓成这样，原因是他不信任身边的任何一个人。

隋炀帝早年的功劳大都是那些老臣送给他的，他本质上就是个官二代，没有什么本事，如今看着各地的起义和越来越多的盗贼，他也不知道该如何收拾这个烂摊子，只是担心百姓造反，念念不忘"盗贼"二字。

越来越多的盗贼

第二天下午，隋炀帝把大将军宇文述叫来，问他盗贼情况。

为了迎合隋炀帝的心意，宇文述骗他说："越来越少了。"

隋炀帝听着心情好些，又问道："比以前少了多少？"

"不到原来的十分之一。"宇文述胡乱编了一个数字。

这时，前朝元老苏威走来，看到宇文述在哄骗皇上，急忙躲到柱子后面。但隋炀帝还是看见了他，便把他叫到跟前问话："苏威，你告诉朕，当下有多少盗贼？"

苏威说不知道，但他提醒隋炀帝，说："臣担心盗贼离我们一天比一天更近了。"

隋炀帝不明白苏威为什么这么说，问："你这话是什么意思？"

苏威说："以前，盗贼只在东北的长白山活动，现在都到汜水（今河南荥阳）了。我估计皇上您看到的奏报都是不真实的。您被骗了啊！"

隋炀帝听苏威说自己被骗了，很不高兴。他一向自视英武，怎么可能被骗呢？

又过了一段时间，隋炀帝向苏威询问攻打高丽（lí）的事。隋炀帝年轻时就平定江南，征剿（jiǎo）突厥，做皇帝后又开凿大运河，修建长城，做的都是大事。他有雄心壮志，想学秦始皇和汉武帝，但本事却欠缺了那么一点。苏威不愿和他讨论，他想让隋炀帝知道天下有多少盗贼，就故意说："陛下，攻打高丽这件事，我们不用发兵，只要赦免天下盗贼的罪，就可以得到数十万的士兵。让他们戴罪立功，难道还愁没有士兵吗？"

这真是牛头不对马嘴，隋炀帝十分生气。

他压住心中的怒火，让苏威赶紧离开。

有个大臣趁机说："皇上，苏威说话太过分了，他才是在骗您，天下哪来那么多盗贼？"

隋炀帝终于丢掉优雅，气呼呼地说："苏威奸诈，用盗贼来吓我。刚才，我恨不得打他几个嘴巴，以后一定会让他闭嘴，暂时先忍一忍吧！"

没多久，苏威就因为有人诬陷被杀。从此，说真话的大臣更少了。

像鸵鸟一样的隋炀帝

农民起义的声势一浪高过一浪，盗贼越剿越多。

隋炀帝在北方待不住了，他不顾大臣的劝说，逃到了江都（今江苏扬州）。他无法面对现实，就学鸵鸟，埋头声色，醉生梦死。

很快，江都的粮食快要吃光了，但隋炀帝不敢回北方，他还想迁都到别处，这让随行的将士十分失望。跟随他的将士多是关中人，他们离开家乡很长时间了，十分思念家乡，见皇上没有回去的想法，便纷纷逃跑了。

不久，禁军将士推举宇文化及（宇文述的儿子）为首领，发动兵变。

隋炀帝被抓后，叹了口气，责问将士们："我犯了什么罪？"

一位大臣答："陛下登基以来，开凿运河，修建长城，还特别喜欢巡游，使得百姓流离失所，盗贼遍地都是。又亲近小人远离贤臣，不顾江山社稷，怎么能说无罪呢？"

隋炀帝反问："我是对不起天下百姓，但是你们却跟着我享受荣华富贵啊，为什么要造反？今天的事，谁是主谋？"

或许，他还想用皇帝的威严来翻转局势，但皇帝的光环已经不在。

一位禁军将领生气地回答他："普天同怨，带头的何止一人！"

隋炀帝沉默，最后说："天子有天子的死法，为什么要用锋刃，取毒酒来。"

原来，他早知道自己会死，便让身边的人准备了毒药。但这一次事出仓促，手下都逃光了，哪里会有毒药呢。最后他被将士们缢死。

杨广接手了一副好牌却把它打烂了，最后连毒药都要不到，令人不胜唏嘘。然而，造他反的起义军，也不会打牌，起义军主力瓦岗军就是因自相残杀而瓦解的。

（故事源自《资治通鉴》）

你怎么看？

8　隋炀帝说自己对不起天下百姓，但对得起跟他享受荣华富贵的禁卫军，你认为果真如此吗？

瓦岗军内乱

617年的冬天，寒风凛冽。

洛阳城外，隋军与瓦岗军隔石子河对阵，两战都失败了。

傍晚，从石子河边的树林里跑出一小队人马，都是狩猎的装束。为首一个大汉策马来到河边，用马鞭指着对岸，对大家说："兄弟们，用不了几天我们就可以拿下洛阳，到时天下就是我们的啦。"

一员战将说："真这样，那就可惜喽！"

"可惜什么？"大汉转头问。

"可惜你把这个即将到手的天子之位让给了别人呀。"那人接着说，"你不做天子，可以让我来做呀！何必让给外人呢？"

"做天子，不光要有本事，还要有天命，哪有那么容易啊！"壮汉呵呵一笑，头也不回，骑着马回营地了。

说这番话的是瓦岗军中的两兄弟。为首大汉是弟弟

翟（zhái）让，原来是瓦岗军的首领，不久前自觉让贤，把军中统帅的位置让给了投奔山寨的李密。批评他的人叫翟弘，一直不满意弟弟把第一把交椅让给了李密。

那这李密又是何人呢？他是平白无故做了这个首领吗？

让 贤

李密年轻时曾是隋炀帝的侍卫官，因值班时东张西望被隋炀帝赶出皇宫，丢掉了工作。李密非常好学，有一次，他骑着一头牛，牛角上还挂着一卷《汉书》，他一边走一边看书。路上正好碰到当朝宰相杨素。杨素见这个年轻人如此好学，便与他交谈了几句，由此对他赞不绝口。他回家对自己的儿子说："李密这个年轻人志向高远，见识不凡，是你们兄弟几个赶不上的啊！"

后来，杨素的二公子杨玄感起兵反隋，就让李密当军师。他献上三策：上策是趁隋炀帝亲征高丽之时，进军河北，截断隋炀帝归路，可不战而胜；中策是西入长安，占领关中，可保万全；下策为就近围攻洛阳，不惜一切攻打坚城，胜负难料。可杨玄感却认为李密的下策才是首选，坚持先打洛阳，结果兵败自杀。李密也因此被官府通缉，流落江湖。

此时，隋末农民起义已经风起云涌。隐姓埋名的李密在翟让部将的引荐下，投奔瓦岗军，很受翟让器重。在他的谋划下，瓦岗军多次击败隋军，声威大震。翟让就是在这样的情况下，觉得自己的才能不如李密，主动让位的。翟让让贤之后，尊李密为魏公。

翟让出身下级军吏，是个粗人。队伍壮大之后，他也不改强盗的陋习。有个隋将来投降，翟让为了得到钱财竟然私自将他关押，并打了他一顿。这件事让李密很不高兴，只是碍于情面，他也没有理会。

没多久，瓦岗军队伍壮大为起义军中最强盛的一支。李密发布檄（xí）文，列数隋炀帝的罪状，说用完南山的竹子做竹简也写不完隋炀帝的罪状，用尽东海的水也洗不净隋炀帝的罪恶。他号召各地起义军齐心协力推翻隋炀帝的政权。

面对如此大好形势，翟弘觉得老翟家吃亏了，所以才有了故事开头的兄弟对话。

故事里的成语　牛角挂书：骑牛时在牛角上挂一本书，边走边读。比喻读书勤奋，学习刻苦。

冲 突

那翟让怎么想呢? 史书没有明确记载, 不过, 从他的一些举动看, 不太尊重李密是肯定的。

比如, 有一次, 他对李密手下的房彦藻说: "听说你前几天攻破了汝南, 得到了许多珍宝, 怎么只知道献给魏公, 不孝敬我呢? 你要清楚, 魏公是我扶立的, 以后怎样还难说呢。"

房彦藻受了恐吓, 很害怕, 连忙报告李密, 还和李密的心腹郑颋(tǐng)一起来怂恿(sǒngyǒng)李密: "翟让目光短浅, 贪财残暴, 心中没有魏公, 我们应该早做打算。"

李密看了两人一眼, 说: "我因为没有活路来投奔瓦岗, 翟让不仅接收了我, 还对我言听计从, 我这才有今日。如果杀了他, 兄弟们将会怎么看我?"

郑颋接话, 说: "魏公所言差矣, 自从您来到瓦岗, 我们攻下了许多地方, 兄弟们都知道是您指挥有方。眼下, 我瓦岗军所向披靡(mǐ), 天下人都希望您做盟主啊。做大事不能拘小节, 您怎么就不能下这个决心呢?"

李密还是心存顾虑, 说: "现在安危未定就自相残杀, 难道不怕被天下人耻笑吗!"

郑颋说: "先发制人, 后发制于人。毒蛇咬了手, 壮士必须断腕, 忍痛割臂是为大局啊。一旦他先动手, 后悔都来不及了。"

李密想了一会, 最终同意除掉翟让。

陷 害

李密设宴款待翟让等瓦岗旧将。

吃饭前, 李密说: "我们自己人聚会, 不需要许多人伺候, 你们都下去吧!"

话音一落, 李密手下都散去了, 可翟让的手下没动。

房彦藻见状, 对李密说: "魏公, 天很冷, 请翟司徒的手下也喝杯酒吧!"

李密呵呵一笑, 说: "这要听翟司徒的意见啊。"

翟让见帐内人少, 把手一挥, 说: "这个主意好, 你们都下去喝个痛快吧!"

故事里的成语 罄竹难书: 把竹子用完了都写不完, 形容事实(多指罪恶)很多, 难以说完(古人写字用竹简, 竹子是制作竹简的材料)。

这样，侍卫都下去喝酒了，帐内就剩下瓦岗两个主帅与几个大将。李密的亲随蔡建德带刀而立，显得颇为突兀。

见左右走后，李密拿出一把良弓，递给翟让，说："翟司徒，我前几天得到一把好弓，想送给你，你试试看。"

翟让一见，很高兴，接过弓左看右看，称赞是把好弓。他转过身，拨了一下弦，然后试拉。不料刚一拉开，蔡建德便提刀从后面砍来。翟让没有防备，大叫一声，倒下了。

一名将领见状，大惊失色，急忙夺门而逃。他刚跑出门，被门卫当面一刀，伤了脖子。幸亏有人在远处看见，大声呵止，才保住了性命。

另一名瓦岗大将见逃跑无望，扑通跪下，叩头求饶。

外面不知帅帐里发生了什么，更是乱作一团。剑拔弩张之际，李密出帐，大声对大家说："各位不要惊慌，我与大家同举义兵，是为除暴安良。如今翟让凌辱他人，无尊卑之礼，所以我把他杀了，与各位无关。"随后，他安抚了受惊的将领，还亲自为受伤的人敷药，委托他们继续带兵。

不过，瓦岗军从此离心离德，不再有先前的战斗力了。

第二年春，李密攻打洛阳，手下多有叛变，穷途末路时，他带着两万瓦岗军残部投奔李渊。李渊、李世民父子收编了瓦岗军后，逐渐成为隋末起义各路英豪中的最大赢家。

（故事源自《资治通鉴》）

知识卡片

相对公平的科举制

科举制是通过分科考试录取官员的一种制度。隋朝以前大多是贵族自己选自己人来做官，平民百姓一点做官的机会也没有。为了把选拔人才的权力收归中央，隋朝用科举制代替之前的选官制度。隋文帝时，废除了以前选官的制度，他的儿子隋炀帝开设进士科，更进一步规定用考试的方法来选取人才。

李渊崛起

皇帝起疑心

李渊和隋炀帝是表兄弟关系，属于皇亲国戚，他怎么会造反呢？

李渊早年在地方上工作时，因广交天下豪杰，就遭隋炀帝猜忌。

有一次，李渊因病未奉命去隋炀帝行宫迎驾。隋炀帝问宫内李渊的外甥女王氏："你的舅舅怎么还没来见我，难道是病得要死了吗？"

李渊知道后十分惶恐，因为皇上在咒他死。而且，他刚刚打了败仗，不是给了隋炀帝一个很好的杀人机会吗？李渊越想越害怕，最后狠下心，与其白白等死，不如起兵反隋，加入隋末农民起义的洪流，或许还能转祸为福。年轻时，就有人给他相面，说他骨骼惊奇，必为一国之主。现在自己在山西做父母官，这里曾是陶唐故地，这不与自己"唐公"的爵位暗合吗？主意一定，李渊马上着手准备，赶紧通知河东郡的大儿子李建成联络天下豪杰，准备起义。

但这时候最令李渊没想到的事发生了，隋炀帝派使者来宣布不追究李渊等人的败军之罪，让他们官复原职。李渊见危险解除，儿子李建成、李元吉还在河东，就把起义的计划搁置起来。

这下急坏了他身边的两个人——刘文静与裴寂。

大牢中的密谋

刘文静原来是晋阳的县令，因为与瓦岗的李密有亲戚关系而被关入大牢。裴寂是晋阳宫副监，就是隋炀帝在太原的行宫管理者。

他俩都是李渊的好朋友，希望李渊做汉高祖，那么他们就是开国元勋，是萧何、张良了。有一次，裴寂去牢里看望刘文静。刘文静对裴寂说："先发制人，后发制于人。你为何不劝唐公赶紧起兵，以免夜长梦多啊！"

裴寂说："二公子李世民已经有布置，只是唐公还犹豫不定。"

刘文静说："你是行宫副监，让宫女陪侍唐公，被皇上知道，你俩都是死罪，难道你不担心吗? 我熟悉二公子, 曾对他说趁李密与官军争斗之时入关中, 号令天下, 不用半年便可夺取天下, 二公子极为赞赏。你应该和二公子一起劝说唐公赶紧起兵啊! "

裴寂立刻报告, 李渊终于着手起兵。

他让刘文静写了一道假圣旨，说隋炀帝要征兵，在年底齐集涿郡（今北京），出征高丽。

老百姓最害怕打仗，听说皇上要征兵打仗，一下子群情激奋。要征战，民意很重要。李渊当然明白这个道理，现在只要一个起兵的理由，这火药桶一点就着！

李渊设计征兵

真是要什么有什么。这时，马邑太守王仁恭被手下刘武周杀了。刘武周侵占了皇帝的汾阳宫，还投靠突厥攻下雁门郡，威逼太原。

李渊看到了起兵的机会，立即召集将领开会。会上，他故意装作一副不知所措的样子，说："刘武周占据汾阳宫，将宫女献给突厥，还勾结突厥侵犯我雁门，而我们的兵力不足以讨伐，一旦皇上追查，那是灭族之罪，大家看看怎么办呢？"说完，他便长吁短叹。

副手王威、高君雅不知是计，都表态：听主帅定夺。

这两个人虽说是李渊的副手，但其实是隋炀帝派来监视他的。李渊明白这一点，故意说："按朝廷法令，征兵调兵都需禀明圣上，现在刘武周在三百里外，而江都在三千里外，哪里来得及报告啊。可没有朝廷的命令，又怎么能发兵呢？"

王威、高君雅一听，积极主张招募新兵，集合军队。但不久，他们发现上当了。因为李渊招募了几万名新兵，没有让他们带，带兵的是李世民、长孙顺德与刘弘基等人。长孙顺德、刘弘基都是为躲避攻打高丽逃到太原来的人，换句话说这两个人是逃犯。李渊庇护他们也就算了，让他们带兵，那不是图谋不轨吗？

好戏一场接一场

王威和高君雅打算趁一次求雨的机会刺杀李渊。但情报泄露了。

向李渊告密的人是晋阳的一个乡长。乡长得知王威和高君雅谋杀李渊的计划后，马上告诉了李渊。

五月的一天，李渊终止了正在进行中的求雨仪式，然后召集王威、高君雅议事，并让李世民领兵埋伏在外。会上，一个军官说有密报。李渊示意让王威看，军官不给，说要李渊亲自看。李渊拿过密报一看，故意惊呼："王威、高君雅勾结突厥进犯，这不可能啊！"

高君雅反应很快，大喊："这是叛乱的人想杀我们啊！"他说完就跑。可惜他俩刚一离座，便被李世民布置的士兵抓住，投入大牢。

这个所谓的密报，当然是李渊他们设的局，可怎么处理这两位朝廷大臣呢？

老天又帮了李渊一把。

两天后，突厥竟真来了几万人进犯太原。这样，所有的太原人都相信王威、高君雅这两个忠于隋朝的人是反贼。李渊就顺势把这两个人给杀了。

随后，他又以疑兵之计，让突厥撤了兵。

解决突厥的事情后，李渊发布檄文，自称义兵，将救民于水火。不久，李渊集三万义军在晋阳召开誓师大会，进军长安，开启了缔造大唐、夺取天下的伟大征程。

（故事源自《资治通鉴》）

绚丽多姿的唐诗创作

唐代是中国古典诗歌的黄金时代，诗歌发展到唐朝，不仅数量多，而且诗人辈出。初唐时期的诗歌气象万千、雄浑博大，代表作家是"初唐四杰"——王勃、杨炯、卢照邻、骆宾王。盛唐时，唐诗发展到鼎盛时期，大诗人涌现，风格纷呈，题材广泛，出现"边塞诗派""田园诗派"等流派，浪漫主义诗人李白和现实主义诗人杜甫是这一时期的代表人物。中唐时期流派最多，代表人物有韦应物、白居易等。晚唐时期，诗歌充满了感伤的情调，代表人物有李商隐、杜牧等。唐诗对于后人研究唐代的政治、民情、风俗、文化等具有重要的参考意义。

你怎么看？

同样是隋朝的官员，裴寂、刘文静鼓动李渊造反，而王威、高君雅选择阻止李渊造反，你怎么看他们的选择？

目标：天下！

李渊晋阳起兵后，连续打了几个大胜仗，很快攻入长安，建立了中国历史上又一个强盛的王朝——唐。

李渊称帝后，李建成负责陪老爸开会，处理公务。李世民负责打仗，为大唐统一全国立下汗马功劳。

难以攻下的孤城

620年夏天，秦王李世民东征洛阳。

洛阳的王世充原来是隋将，有两把刷子，他刚打败了李密，自封郑王，感觉良好。可面对李世民这个军事奇才，他的智商显得明显不够。面对唐军步步为营的战略，王世充只有一招——步步后退。他就像匈奴的射雕手碰上了李广，连招架之力都没有。洛阳城的包围圈越来越小，最后只剩下一座孤城。

王世充要自保，必须守住洛阳。李世民要东出，势必攻占洛阳。这是一场战略决战！唐军打得很艰苦，统帅李世民有好几次遇险。

战争打了好几个月，洛阳城内断粮。王世充十分着急，接连派使者向窦建德求救。

窦建德是河北起义军

首领，自称夏王，也有两把刷子。他本来的计划是隔山观虎斗。李世民与王世充鹬蚌相争，坐收渔翁之利的当然是他夏王窦建德。

这一点，大家都明白，但夏王手下的糊涂军师们认为洛阳是全国的政治中心，如果王世充被灭，窦建德会有齿寒之忧。于是，夏王经过手下一番"鼎足三分"的劝说，亲率十万大军赶来，要救王世充，以保住三分天下的格局。

秦王李世民认为，王世充兵力消耗巨大，已经断粮，不必进攻，等待他投降即可。窦建德的军队乘胜而来，将骄兵惰，唐军只要占据虎牢，他们就没办法。窦军无法西进，洛阳很快就会投降。那时城破兵强，气势倍增，便可收一举两得的奇功。

什么叫军事奇才？

能在危机中看到一举两得的胜利，就是；凭虎牢关之险，敢以三千多人抵御十万大军，这也是。

我就是秦王

李世民一到虎牢，就带五百精锐骑兵东出二十里，侦查窦军阵势。他派大将带兵埋伏在路边，自己与尉迟敬德带着两个亲随继续往窦军营垒前进。

四人靠近敌营时，李世民突然大叫一声："我就是秦王！"然后拉弓射杀窦营一将。

窦军将士大吃一惊，但马上反应过来，冲杀出来。李世民让亲随先撤，自己与尉迟敬德两人断后，引诱敌人来追。追敌靠近时，李世民又射，一箭一个，箭不虚发。追兵害怕，停了下来，李世民大笑。追兵被激怒，再冲上前来，又被他射杀。这样反复，窦军追到了李世民的伏击圈，被歼灭了好几百人。

窦军近来小战失利，锐气大减，被阻击在虎牢一个多月。

窦建德手下有人建议西进关中，威逼长安，以围魏救赵之策救洛阳。窦建德听后有点心动，但或许是轻视李世民的小股军队，他没有采纳这个方案。

不久，李世民用计引敌出战，窦军倾巢而出，在汜（sì）水东岸列阵，前后二十多里。唐军见敌人众多，稍有怯阵。李世民鼓舞士兵："敌人轻敌，我军先按兵不出，等待他们士气低落，到了中午，一定能打败他们。"

果然，窦建德见唐军人少，便掉以轻心，只派出三百骑兵向唐军挑战。刚开始，唐军坚守不出。到中午时，窦军叫阵了半天，又饿又累，纷纷瘫坐在地上，毫无秩序。李世民见战机已到，下令出击。他亲自率军直冲窦建德中军大帐。窦建德刚好在大帐与群臣议事，见唐军骑兵冲来，他们纷纷逃跑。窦建德急忙命令骑兵出战，但骑兵的前进之路刚好被逃跑的人挡住了，现场一片混乱。等窦建德的骑兵出来，李世民已率轻骑从阵后杀出，展开旗帜，迎风飘扬。窦军见大唐旗帜出现在阵后，顿时大乱，纷纷溃退。逃跑中，窦建德被人从马上刺下，被捕后投降唐军。

虎牢大捷，李世民回师洛阳城。王世充见大局已定，只得献城投降。东都洛阳归唐，天下震动，李唐统一天下已经没有悬念。

（故事源自《资治通鉴》）

知识卡片

六匹骏马

"昭陵六骏"是唐太宗昭陵北面祭坛两侧的六块骏马青石浮雕石刻。六匹骏马是李世民征战时骑过的战马，分别是拳毛䯄（guā）、什伐赤、白蹄乌、特勒骠、青骓和飒露紫。六骏马石刻造型优美，线条流畅，刀工精细，是珍贵的古代石刻艺术珍品。其中的"飒露紫"和"拳毛䯄"两石，现流落美国，其余四石现藏于陕西西安碑林博物馆。

你怎么看？

如果窦建德采用手下的建议，攻打长安，你觉得结果会怎么样呢？

惊险的玄武门之变

导火线

李世民攻下洛阳，为大唐立下了不朽的功勋。他回京的仪式搞得极为隆重，这让皇帝和太子都很不高兴。

李世民在打下洛阳后，曾在房玄龄的陪同下，秘密拜访了一个道士。这个道士见客人来，不等问话就先说：来人中有圣人。还说，即将做太平天子的人，一定要好自珍重。秦王与房玄龄满意而归。

既然秦王确实有夺储之心，那兄弟之争不可避免，尤其是后来李世民平定山东后，太子集团与秦王集团的斗争开始白热化。

一个北方的普通战报，成了这场兄弟相残的导火线。

战争警报传到长安，太子李建成建议齐王李元吉挂帅出征。皇上同意后，李元吉又请求征调秦王府战将随他出战。此时，秦王得到东宫间谍的密报是：太子打算和秦王一起为齐王践行，在宴会上谋害秦王，然后回到军中，将秦王的部下全部杀死。

于是，秦王集团下定决心发动政变。

机 会

一天中午，太白金星出现在太阳的西北方向（太白经天，即"金星凌日"现象），太史局官员密奏李渊：太白出现在秦地的分野，预示秦王当有天下。

23

这在当时是绝密，但李渊却把这个报告给了李世民。李世民看过报告，马上知道老爸要敲打自己了。

"金星凌日"这个天象，古代解释为有人谋反，"日"代表皇上，"凌日"那当然是谋反。

有意思的是，秦王并不理会，反而报告了一件不光彩的事：太子与齐王淫乱后宫。李渊的反应是"愕然"，因为两个儿子淫乱后宫是不可能的，秦王诬告不是比"天象"这个莫须有的名目更可以加罪吗？所以，他下令：明天来开会对质吧！

改变历史的一箭

第二天早晨，李建成、李元吉等人进宫开会。

此时，大唐多位名将，都以战士的身份，进入一级战备，我们可以想象当时的气氛连空气都是凝固的。果然，李建成和李元吉走到临湖殿时，感觉到了异样，立即调转马头往回走。

李世民一见猎物要溜，急忙奔出，大声呼喊他们。

李建成、李元吉等人站住，见秦王全副武装，骑马赶过来。

李元吉首先判断情况危急，他摘下弓箭，准备战斗，但或许太紧张了，竟然多次拉不开弓。轮到李世民表演了——他可是神箭手啊，自信一弓在手，可纵横千军万马。秦王拉弓瞄准，一箭射出——

这是解决争斗的一箭，是定乾坤的一箭，是改变大唐历史的一箭！

箭头刺破凝重的空气，呼啸而去，瞬间射穿了太子的喉咙。李建成当场毙命。

随即，秦王手下的伏兵万箭齐发，李元吉也中箭落马。

混战中，秦王的战马受了惊，身经百战的秦王竟然从马上掉了下来，被马拖着跑入边上的树林。李元吉见秦王从马上摔下来，连忙跑过去，抢走秦王的弓，想用弓弦勒死他。千钧一发之际，尉迟敬德大喊："休伤吾主！"飞马赶来。李元吉曾与尉迟敬德比武，三次被尉迟敬德空手夺枪，当然明白实力悬殊，所以转身就跑。可惜，他跑不过尉迟敬德射出的那一箭。

不到半小时，袭击已经成功。

此时，李渊正与大臣在宫内的湖上划船。突然，尉迟敬德全副武装，浑身是

血走来。

李渊故作镇静，询问怎么回事。尉迟敬德答："太子、齐王作乱，已经被秦王诛杀。秦王派我来保护皇上，请皇上下令军队全部接受秦王指挥！"

李渊明白，他最担心的事情——儿子们自相残杀——终于发生了。他没有办法，只有下令让东宫将士放弃抵抗。两个月以后，他传位给李世民，李世民当上了皇帝。

唐朝就在这样一场腥风血雨中完成了权力交接。

第二年，李世民改年号为贞观，开始了他治国理政的光辉岁月。

（故事源自《资治通鉴》）

世界上最早的药典

　　《新修本草》是古代中药学著作，是一部以政府名义编写的药典，世称《唐本草》，被认为是世界上最早的药典。《新修本草》内容丰富，传播广泛，还由当时来中国求法的日本僧徒传到日本，对日本医学界影响很大，后来又传到朝鲜等国。书中记载了用白锡、银箔、水银调配成的补牙用的填充剂，这是世界医学史上最早的关于补牙的文献记载。

你怎么看？

　你认为这场兄弟相残可以避免吗？

皇帝的榜样李世民

李世民就是唐太宗，他是后代皇帝的榜样，荣登司马光版古代帝王排行榜第一名。

颁奖词：他统治的二十多年间，从谏如流，吏治清明，百姓富足，社会安定，大唐威名远播，是济世安民之君。

主要业绩：贞观之治（627–649）。

唐太宗的好成绩

隋末乱世，许多百姓沦为盗贼，我们已经知道隋炀帝最怕这一点。李世民刚当皇帝，也很重视这个问题，就与群臣讨论怎样让老百姓不做盗贼。

许多大臣认为要用严刑重法。唐太宗不同意，他说了这么一段重要的话：

谁愿意去做盗贼呢？老百姓之所以沦为盗贼，是因为官府赋税繁重，贪官污吏敲诈勒索他们。他们吃不饱，穿不暖，只有被迫去做盗贼。政府只要减轻赋税，节省民力，反对奢靡之风，杜绝铺张浪费，选用清廉官吏，使百姓衣食有余，那么百姓自然就不做盗贼了，哪里需要用严刑峻法啊！

这是唐太宗贞观之治的施政纲领，核心内容是吏治清廉，厉行节约。

有了纲领，接下来就是执行。

他释放三千宫女，让她们出宫成家，生养孩子。

他减少李家子弟的分封，削减皇室费用，让李家子弟不做寄生虫。

他还让宰相精兵简政，合并州县，减少中央与地方的官员，减轻百姓负担。

或许是一箭射死了哥哥心里内疚，或许是要让老爸看看自己比哥哥做得好，唐太宗做这个皇帝真的很努力。他的用心很快得到了回报，大唐很快从隋末的荒凉残破中恢复过来，户籍人口也迅速增长。

我们来晒晒他的成绩单：

经济：重视农业发展，奖励垦荒，使农民能安定生产。

军事：降服东突厥，俘获他们的可汗。

社会秩序：没有窃贼，夜不闭户，路不拾遗，监狱常是空的。

民族关系：实行开明的民族政策，唐太宗被北方和西北地区各部族领袖尊为"天可汗"。

知人善用

唐太宗用人有一整套过人的理论。

理论一：用人不计较出身。他的团队中有一大批出色的政治人才，有的是隋朝官吏，如房玄龄，有的是农民起义将领，如李世勣（jì），有的还是李建成集团中的重要人物，如魏徵（zhēng）。不管是谁，唐太宗都能根据他们的才能委以重任。

理论二：用人不求全责备。唐太宗说过"明君无弃士"，聪明的人就用他的

智慧，勇武的人就用他的威严，胆小的人就用他的谨慎，国君不能因为一个人的缺点而忘了他的优点，也不能因为小的过失而掩盖人家的大功。

理论三：用人要因时而变。历史学家说唐太宗用人"先西北骁武之士，后东南儒生"，这是因为前面是打天下，后面是治天下。他做秦王时有文学馆十八学士，成为皇帝后设弘文馆，增加了文人的数量，这是重武备到崇文治的过渡。

理论四：用人要听其建议。唐太宗从谏如流是贞观时期最亮丽的一道风景线。有一年，有个大臣建议唐太宗放弃修建洛阳宫，还有个县令建议国家不要增税，他们言辞激烈，但都被唐太宗采纳。当然，最为后世推崇的是他与魏徵"主明臣直"的故事。

唐太宗刚即位，因为大乱之后成年男子少，主持征兵的部门要求降低服兵役的年龄。他们提出不满18岁的中男只要身强力壮也要入征，唐太宗同意了，诏书连续四次送到魏徵手上，魏徵就是不肯签字。魏徵当时的工作是负责审查皇帝命令的，他不签字，圣旨无法执行。唐太宗大怒，斥责魏徵。魏徵没有妥协，他说："这是竭泽而渔，毁林打猎的行为，中男都入伍，种田的人就少了，那租调徭役谁来承担呢？况且兵在精不在多。"经过一番论辩，太宗撤回了征兵中男的命令。

　　魏徵性情耿直，敢于直谏，遇太宗发怒，也能脸色不改，据理力争。他前后所谏二百余事，大多数被唐太宗采纳。

　　魏徵去世后，唐太宗对手下说："一个人用铜当镜子，可以使衣帽穿戴得端正；用历史当镜子，可以知道国家兴亡的原因；用人当镜子，可以发现自己的对错。我常好好保存这三面镜子，魏徵死后，我少了一面镜子啊！"

名言名句　　以铜为镜，可以正衣冠；以古为镜，可以知兴替；以人为镜，可以明得失。（〔唐〕李世民）

唐太宗施政如此理性，是因为他深知民贵君轻的道理，他说"水能载舟，亦能覆舟"，就是强调百姓的重要性。

正是有了这样的治国理念，加上贞观一朝大臣的共同努力，唐太宗才取得了如此辉煌的政绩。难怪司马光评价唐太宗："太宗文武之才，高出前古。盖三代以还，中国之盛未之有也。"就是说唐太宗的文治武功，古今第一。

（故事源自《资治通鉴》）

三省六部制是什么？

三省六部制是一套确立于隋朝，结束于清末的中央官制。三省指中书省、门下省、尚书省，六部指尚书省下属的吏部、户部、礼部、兵部、刑部、工部。唐代三省的分工大致是中书省起草诏令，请皇上批准，然后经门下省审查，签署后命令才能生效，最后请尚书省执行。门下省有退回诏书的权力，魏徵是门下省长官，他不签字，唐太宗的命令不能下达尚书省执行，就是这个道理。六部中吏部主管官吏的任免和考核等，户部主管户籍和财政等，礼部主管礼仪、科举等，兵部主管兵籍、军令等，刑部主管司法刑狱等，工部主管国家的工程建设等。

你怎么看？

如果你是唐太宗的秘书，你还会给出什么样的用人建议？

玄奘历经磨难西行取经

《西游记》讲大唐高僧玄奘（zàng）法师师徒四人一路降妖伏魔，经过九九八十一难，最终到西天取得真经。其实，历史上保护玄奘西行的并不是孙悟空，而是高昌国王麴（qū）文泰。

这究竟是怎样的一件事呢？

学霸玄奘要出国留学

玄奘为什么要去西天取经？

玄奘的俗家姓名叫陈祎（yī），从小父母就去世了，他跟随二哥出家做和尚。玄奘天生聪慧，有过目不忘的本领。在努力钻研佛学期间，他遍访名师，学到了很多知识。很多时候，他去拜别人为师，最后却成了别人的老师。但学无止境，读遍国内所有佛教经典，他还是有许多问题弄不明白，尤其让他困惑的是：为何来自释迦牟尼的佛经，存在大量的矛盾。

有人告诉他，中天竺（古代印度）那烂陀寺有一位世界级的佛学大师——戒贤法师，或许能解决他的疑问。

于是，学霸玄奘踏上徒步出国的留学之路——

刚开始，还有同伴随行，到了凉州，官府就不允许通行了，因为再往西是突厥控制的地盘。玄奘只得偷偷地继续前行。

一路上遭遇千难万险

出凉州后，一位熟悉西行之路的老人送了他一匹老马。

这很重要，这匹老马往返伊吾国（今新疆哈密）15次，相当于一个向导，后来还救了他的命。靠着这匹有经验的老马，玄奘一个人走到了玉门关，这是大唐最西边的要塞了。

出玉门关，意味着他要离开大唐了。出关时，他本来请了一个当地向导，可估计向导也不看好西行，找了个理由离开了他。眼前是望不到头的漫漫黄沙，靠着马粪与骸骨的痕迹，玄奘走过了四座烽火台，迎来的是一片流沙——前行已经无路可寻。

继续西行，还是回去？

这片沙海东西长800里，上不见飞鸟，下不见走兽，白天热风裹着黄沙，吹得人睁不开眼睛，晚上气温骤降，寒风刺骨，沿途随处可见人马白骨，令人毛骨悚然。

但玄奘心诵佛经，骑着那匹老马，一头扎进了茫茫沙海。

玄奘走了一百多里后，发现迷路了。更糟糕的是，他还不小心打翻了水袋。沙漠中没有水，就等于没有命。玄奘打算往回走去取水，但走了十多里路，又想起自己的誓言：宁可西行而死，决不东归而生。

于是，他又重新向西前进。此后四天五夜的日子，他一路往西，滴水未进，最后昏倒在沙漠里。当夜晚的凉风吹醒他时，已是奄奄一息。幸亏那匹识途的老马，把他带到了一处有水的地方，才救了他的命。

出了大沙漠，又走了两天，玄奘到达高昌国境内，在当地引起了不小的轰动。因为穿越大沙漠都需要结伴而行，而这个和尚却孤身一人来到当地。高昌国国王曾经游历中原，对佛法很有兴趣。他盛情款待了玄奘，并请求他留下来做国师。

玄奘拒绝了国王的邀请。国王恼羞成怒，威胁他说：如果高昌国不让大师西行，大师能取经吗？

玄奘以绝食抗议，三天后，国王妥协，而且还为玄奘准备了往返20年的物资和25个随从。更重要的是国王给沿途24个国家写了国书，请求他们关照玄奘西行。

满载而归

有了这么硬的靠山，玄奘接下来的顺利可想而知。所到之处，各国都热情款待，玄奘也拿出高昌国国王准备的礼物送给他们。就这样走了差不多一年，玄奘终于到达那烂陀寺，跟随一百多岁的戒贤大师学习佛法。

此后，他又南游古印度，考察佛教遗迹，拜访有德高僧，瞻仰佛祖诞生的古城，了解有关佛祖的传说，以加深对佛经的理解。六年后，他回到那烂陀寺，受戒贤法师委托说法。这是在印度举行的一次大型佛经辩论法会，玄奘为大会论主，主讲大乘教义，受到参会者的高度赞扬，他用自己的学识赢得了国际声誉。

不久，玄奘带着657部佛经回到国内，受到唐太宗的热情接待。

　　玄奘在印度生活十多年，精通两国的语言与文化，所以他的翻译水平很高。此后的20年间，他翻译了1300多万字的佛教经典，还将西行见闻口述成《大唐西域记》，详细介绍自己的所见所闻。此书成为研究古代中亚、南亚等地区历史地理的宝贵资料。

　　玄奘西行取经，这是唐代对外交流史上的盛事。直到今天，中印人民都认为它是两国友好的象征。

（故事源自《续高僧传》《大唐西域记》）

知识卡片

重要文献《大唐西域记》

《大唐西域记》是唐代高僧玄奘口述、弟子辩机记录而成的书，共12卷。全书讲述玄奘十多年间游历西域和印度途中的所见所闻，描绘了中亚、南亚等地区的文化艺术、宗教政治、军事地理及风土人情。这些记载成为今天研究这些地方的古代历史以及中西交通史的宝贵资料。

你怎么看？

如果在大沙漠迷路的是你，又没有水，你会怎么办？

文成公主远嫁吐蕃

7世纪初，吐蕃（bō）兴起于青藏高原。

当时，他们有个首领叫松赞干布（意为端正尊严、深沉大度的君主）。他做事稳重，足智多谋，骁勇善战，以武力统一了雪域高原，然后迁都逻些（今西藏拉萨），进行了一系列改革，国家逐渐强大起来。

与松赞干布同时代的中原，正是唐太宗主政的贞观年间，社会安定，文明发达，国威远播西域。西边强大的少数民族如突厥、吐谷（yù）浑都以与大唐通婚为荣。

松赞干布想娶公主

松赞干布见突厥与吐谷浑可以娶大唐的公主，觉得自己国力强大，也应该娶公主。他派使者带了丰盛的礼物，到长安求婚。但不知什么原因，或许是两国了解不多，唐太宗没有答应。使者回去后，不敢如实汇报，就撒谎说刚到长安时，大唐的接待很客气，也同意将公主嫁给松赞干布，但后来吐谷浑的首领到了长安，唐朝天子的态度忽然就改变了，一定是他们从中破坏。

松赞干布一听大怒，吐谷浑首领这个胆小鬼竟敢来搅局，他癞蛤蟆都吃了天鹅肉，难道我就不能娶个公主？我得教训一下这个胆小鬼！主意拿定，松赞干布马上派兵去打吐谷浑，路上还把驻守四川的唐军也一块儿收拾了一下。随后，他搞了个新闻发布会，宣布：如果大唐不把公主嫁给我，我就要打到长安去。

唐太宗是何许人，见吐蕃在他面前无礼，也生气了。他马上派大军前往征讨。吐蕃军不敌，连忙再次派出使者，表达了希望与大唐通婚的意愿。唐太宗考虑到睦邻友好，便答应了和亲的请求。

于是，又有一位女性，为了边疆的安宁，将献出她的一生。她就是文成公主。

唐太宗五难婚使

松赞干布的大相（相当于宰相）禄东赞率领一个使团，带着大量金银珠宝，到达长安，向唐朝正式求婚。

据说当时来了印度、波斯等五个国家的婚使，唐太宗不愿得罪大家，就宣布出五个题目，让婚使来打擂台，最后的胜出者才能与大唐和亲。这五道题目是：

一、九曲穿孔，将丝线穿过一颗九曲绿松石圆珠。

二、百驹认母，辨别出一百匹母马和一百匹小马驹的母子关系。

三、走出迷宫，夜入皇宫怎么不迷路。

四、分辨梢尾，辨别出两头削得一样粗细的木头的梢尾。

五、找出公主，从三百名女子中找出哪位是文成公主。

故事里的禄东赞像聪明的阿凡提一样，他把一根丝线系在蚂蚁腰部，让它从圆珠的九曲孔道穿过。他把小马驹饿了一天一夜，然后同时放出来，让它们去找母亲吃奶。他用作记号的办法顺利走出了迷宫。他将木材放入水里，通过头重尾轻找出梢尾。他因为事先接触过公主的丫环，所以通过辨识体态成功找出文成公主。

五难婚使的故事，不一定是历史事实，而且版本众多。不过，唐太宗接见禄东赞时的情形，被唐代画家阎立本的《步辇图》保留了下来，说明这件事在当时影响很大。

终于娶到了公主

文成公主要远嫁他乡了。出发之前，唐太宗专门召见了文成公主，经过一番交谈，年轻的文成公主对自己肩负的任务更为明确了。

文成公主召见了禄东赞，详细询问了当地的气候物产、风土人情，准备了各种物资，除了诗文典籍、医药技术等书籍外，还带了许多谷物、蔬菜和水果的种子等。与文成公主一起去西藏的还有大批文人、乐师、农业技术专家等。

　　当松赞干布看到漂亮美丽、气质高雅的公主时，他极为高兴，对大臣说："我的祖辈没有和大国通过婚，今天我娶了大唐的公主，真的很荣幸。应当为公主建造一座城，来向后人展示。"于是他为公主修筑了唐式宫室。

　　随公主入藏的人把中原的农具制造、冶金等许多生产技术传入西藏，文成公主和她的侍女把纺织和刺绣技术传授给当地人。唐诗"自从贵主和亲后，一半胡风似汉家"说的就是这个变化。

　　唐太宗驾崩后，唐高宗李治继位，封松赞干布为西海郡王。松赞干布接受封号，并回奏唐朝："天子刚即位，如果有臣子不忠，我当率兵奔赴长安，为国讨贼。"他表示效忠于大唐，感念和亲的恩德。

　　文成公主在松赞干布去世后，又在吐蕃生活了30年。她在雪域高原一共生活了40年，对唐与吐蕃的友好交流做出了巨大的贡献。

（故事源自《旧唐书》）

《步辇(niǎn)图》

　　《步辇图》是唐朝画家阎立本的名作，画的是禄东赞朝见唐太宗时的场景，是汉藏兄弟民族友好情谊的历史见证。作品设色典雅绚丽，线条流畅圆劲，构图错落富有变化，为唐代绘画的杰出代表。

你怎么看？

　文成公主在松赞干布去世后，没有要求回长安，你认为她是怎么考虑的？

武则天升职记

武则天是中国历史上唯一的一位女皇帝，一生毁誉参半。

从小就不一样

武则天原本是唐太宗的才人（皇帝妃嫔封号之一，地位较低），入宫前与母亲道别，母亲哭哭啼啼，心疼女儿被选入深宫。没想到14岁的武则天反劝母亲："入宫侍奉圣明天子，怎么知道不是福呢，为何要哭哭啼啼？"

唐太宗去世后，武则天与一些妃子、宫女被送到感业寺做尼姑。她绝望地以为自己的人生将走入伸手不见五指的黑夜。然而，不久就有人送来光明。

送来光明的女神是唐高宗的皇后王氏，王皇后刚在后宫战斗中失利，想邀请武则天助战。

这是怎么回事呢？

原来，武则天曾与做太子时的李治有暧昧关系。

唐高宗李治即位后，很喜欢去感业寺，名义上是敬香，实际上是与武则天约会。王皇后准确把握这一"敌情"，为了对付与自己争宠且风头已经盖过自己的萧淑妃，她以破釜沉舟的勇气玩了一把引狼入室。

武则天重新入宫，萧淑妃当然不是她的对手。

然而武则天想要再攀登，做第一夫人——皇后。

武则天升职受阻

武则天生了个女儿，非常可爱，王皇后也很喜欢，常去探望。有一次，唐高宗去看孩子，发现小公主已经死在摇篮里，震惊之余查问，回报：只有王皇后来过。

小公主是怎么死的，这是一个谜。

后世多数史学家判定是武则天自己掐死了孩子，陷害王皇后。当时，因为按照常理推断，武则天作为母亲怎么会杀死自己的孩子呢？那凶手当然是王皇后。

唐高宗大怒，想要废掉王皇后，但这件事情遭到长孙无忌、褚（chǔ）遂良等大臣的强烈反对。王皇后的背后，是李唐起家最核心的支持集团——关陇贵族。懦弱的唐高宗想放弃了，毕竟天下要依靠大臣们来治理啊，不能与他们闹翻。

武则天眼看自己的梦想要止步于此，十分着急。这时突然来了一位神助攻。

这个人叫李义府，最擅长的事是拍马屁。

早年，李义府因文章写得不错做了太子李治的伴读。李治做皇帝后，李义府就到了中书省上班，因得罪了长孙无忌将被贬到外地。为了保住职位，他上奏请求废王立武，从而获得唐高宗的欢心，不仅保住了职位，还被赏了一斗珍珠。

武则天当皇后

有一天退朝，唐高宗把四个顾命大臣长孙无忌、李世勣（jì）、于志宁和褚遂良叫入内殿商议事情。褚遂良一看阵势就明白了，他对其他三人说："今天的事，估计是为了废皇后。皇上主意已定，违背他的想法一定会死。长孙大人是舅舅，李、于两位大人是功臣，不能让皇上背上杀舅舅和功臣的恶名。我褚遂良没有什么功劳，却愧居高位，还受顾命之托，不以死抗争，怎么去见地下的先帝！"

长孙无忌和于志宁听得眼泪汪汪。李世勣却说自己感冒了，需要回家休息。

进了内殿，唐高宗果然提出废后。

褚遂良把手中的笏（hù）板丢在地上，磕头进谏皇帝不要废后，并说了三个理由。

唐高宗听了十分生气，让人将褚遂良拉了出去。武则天在帘子后面听得十分清楚，大叫："为何不杀了这个猖狂忤逆的臣子！"

长孙无忌仗着元老与舅舅的资历，也顶了一句："遂良受先帝遗命，即使有

罪，也不可动刑。"于志宁吓得不敢说话。

过了一段时间，李世勣入宫见皇上。

唐高宗记得他上次开会缺席，便试探说："我想废后，难道就因为褚遂良而作罢吗？"

李世勣却说："这是陛下的家事，何必再问外人呢？"

高宗一听，内心狂喜，立即下旨废后，立武则天为皇后。

皇后变皇帝

武则天当皇后以后，把那些反对她的老臣一个个降职流放。唐高宗身体非常不好，常常头晕目眩，不能工作，便让武后帮助处理政事。

唐高宗死后，李显即位为唐中宗。武则天成了皇太后，但唐中宗不合她的心意。她废了中宗，又立第四子李旦为皇帝，自己则以太后名义执政，成为唐朝实际上的最高统治者。这引起了元勋与宗室的强烈反对，最著名的是徐敬业的扬州起兵。然而起兵没多久就被镇压。

690年，经过一番必要的准备，武太后改唐为周，自称圣神皇帝。至此，经过三十多年的苦心经营，武则天终于登上皇帝宝座。

那么，这个不寻常的女人，做皇帝的成绩如何呢？

政治上，注重发展科举制，创立了殿试和武举。通过科举、自荐和别人推荐，选拔了一批杰出的人才，如姚崇、宋璟（jǐng）后来成为开元时期的名相。经济上，武则天重视农业生产，兴修水利工程。执政期间，手工业和商业也有一定的发展。军事上，稳定边疆。总之，武则天在位期间，唐朝经济繁荣，百姓富裕，为唐朝的进一步发展做出了巨大的贡献。

705年，宰相联络宫廷将士发动政变，迫使武则天退位。这一年冬，武则天病逝。

（故事源自《资治通鉴》）

知识卡片

唐朝的书法艺术

唐朝是书法发展的鼎盛时代，出现了很多杰出的书法家，如欧阳询、颜真卿、柳公权等。欧阳询的书法以楷书为最佳，笔力险峻，结构独异，后人称为"欧体"，代表作《九成宫醴泉铭》成为后人学习楷书的范本。颜真卿的楷书端庄雄伟，气势开张，世称"颜体"，代表作有《颜世家庙碑》。柳公权的楷体结构严谨，笔法精妙，笔力挺拔，世称"柳体"，代表作有《玄秘塔碑》。

你怎么看？

你如何评价武则天的所作所为？

一世英名毁于安史之乱

武则天去世后，经过几次政变，唐玄宗李隆基登上帝位。他选贤任能，发展经济，收复失地，稳定边疆，开创了又一个繁荣的时代——开元盛世。然而唐玄宗在取得开元盛世的成绩后，逐渐失去了进取之心，开始追求享乐，终于酿成了天宝年间安禄山、史思明的叛乱。

唐玄宗不理朝政

唐玄宗五十多岁的时候喜欢上了一个女人，她就是杨玉环。杨玉环原是唐玄宗儿子的妃子，因为长得漂亮，能歌善舞，而被唐玄宗喜欢，并被封为贵妃。

唐玄宗处理了几十年的军国大事，每一次都被手下吹捧为"英明"，他早就厌倦了。现在有了喜欢的爱妃，那朝政当然可以委托"爱卿"干了。于是唐玄宗就

这样做起了甩手掌柜，把曾祖父唐太宗"居安思危"的告诫撂在了一边。从此，口蜜腹剑的李林甫把持朝政十多年。从此，高力士权势盖过王公，宦官势力也很快崛起，成为以后朝廷的政治毒瘤。

李林甫死后，杨国忠出任宰相。杨国忠是杨贵妃的堂兄，原本没什么本事，靠着杨贵妃的关系，做到了宰相。

杨国忠用瞒和骗对付唐玄宗。边疆战争失败，他说成胜利；水旱成灾，他说不影响庄稼收成。唐玄宗不太相信，曾单独问高力士。高力士说："自陛下把大权委托给宰相，赏罚没有规矩，臣还敢说什么呢？"唐玄宗听了沉默不言。

安禄山造反前夕，韦见素对杨国忠说："安禄山已有造反的迹象，明天我见皇上就奏明，皇上如果不听，您继续讲！"杨国忠与安禄山不和，便点头同意了。但第二天，杨国忠见唐玄宗不信韦见素的话，他却保持了沉默，没有说话。

安禄山起兵造反

755年，安禄山在范阳起兵。起兵的名义是：清除奸相杨国忠。

安禄山是个胡人，体重三百多斤，任平卢、范阳、河东三镇的节度使，手握重兵。他最擅长溜须拍马，谄媚欺主，在天宝年间活得如鱼得水——

唐玄宗曾问他的大肚子里装着什么，他说那是对皇上的赤胆忠心。

唐玄宗曾让他拜见太子，他装傻不拜，说心中只有皇上，不知太子是什么官。

唐玄宗曾让他拜见杨贵妃，他就认比自己小16岁的贵妃做干娘，帮他吹枕头风。

由于唐玄宗一直都被安禄山的假象蒙骗，对他一直缺乏警惕之心。叛军攻来的时候，军队完全没有能力抵抗，很快叛军就席卷了黄河以北大片地区。这时唐玄宗才相信安禄山真的造反了。唐玄宗很烦躁，杨国忠却洋洋得意，说："我早说安禄山要谋反，皇上您就是不信。"杨国忠非常讨厌安禄山，常常在皇帝面前说他的坏话。现在有机会讨伐安禄山，杨国忠自然很开心。不久，他对唐玄宗说："造反的只有安禄山，众将领不会跟他一起的，我判断不出十天，就会有人把他的脑袋送到长安！"

　　唐玄宗再昏聩，也不会相信杨国忠所说的奇迹了，他开始排兵布阵。然而唐朝的军队长时间没有打过仗，又多是东拼西凑的人马，缺乏战斗力，根本不是叛军的对手。

　　不久，东都洛阳就被叛军攻占了。而且，很快打到了潼关。潼关是京城长安的东大门，如果它被叛军攻下的话，长安就危险了。唐玄宗起用了在京养病的名将哥舒翰，让他率军讨伐安禄山。哥舒翰带兵驻守潼关，采用凭天险固守的战略，与叛军相持了半年。

　　当人们评价哥舒翰"战略正确，战果初显"时，杨国忠坐不住了，他害怕哥舒翰回京威胁自己的宰相之位，就不断唆使唐玄宗下旨催战。唐玄宗也急于求成，不听大臣"固守潼关，不可轻出"的建议，要求哥舒翰出关迎战。哥舒翰无奈，痛哭一场后出关，兵败被俘。

马嵬(wéi)驿兵变

潼关失守,长安失去了最后的屏障。唐玄宗只好带着杨贵妃等人仓皇奔蜀。他们一路走走停停,到长安城外一百多里的马嵬驿时,随行的将士们又累又饿,疲惫不堪。他们满肚子怨气,认为这一切都是杨国忠这个奸臣造成的。于是他们杀了杨国忠,并且要求唐玄宗处死杨贵妃。唐玄宗怎么舍得杀自己宠爱的妃子?他恳求三军放过贵妃,还做了自我批评。

马嵬驿的那个夏夜,空气异常沉闷。三军将士站立不动,以沉默反抗皇帝的命令。禁军将领陈玄礼等人都劝唐玄宗割爱从众,唐玄宗还是不肯。高力士知道只有杀了杨贵妃,才能平息将士们的气愤,他劝唐玄宗说:"贵妃是无罪,但将士们杀了杨国忠,留着贵妃的话,他们哪里会心安,当务之急是使将士安心,保陛下安全啊。"

唐玄宗无奈,只好狠心赐死杨贵妃,自己奔蜀避难。

杨贵妃的三千宠爱,在这里还了债;唐玄宗的一世英名,也毁于安史之乱。

(故事源自《资治通鉴》)

《长恨歌》写了什么?

《长恨歌》是唐代诗人白居易创作的一首长篇叙事诗,以唐玄宗与杨贵妃的爱情故事为素材,既歌颂了李、杨二人的爱情,又讽喻"汉皇重色思倾国",谴责唐玄宗贪恋女色而导致安史之乱,留下"绵绵长恨"。

名言名句　在天愿作比翼鸟,在地愿为连理枝。天长地久有时尽,此恨绵绵无绝期。(〔唐〕白居易)

李愬雪夜袭蔡州

安史之乱后，强大的唐王朝走向了衰落。失去了中央的控制，各地节度使便趁机抢占地盘，扩大兵力，造成了藩镇割据的局面。

唐宪宗李纯立志恢复贞观、开元盛世，平定藩镇，重振国威。

示弱成功

814年，淮西节度使吴少阳去世了，他的儿子吴元济秘不发丧，占据申、光、蔡三州，让将士抢掠潼关以东州县，威胁长安。

唐宪宗十分生气，发兵征讨淮西，但这次打仗很不顺利，不光久战无功，连主战的宰相也被刺杀，大臣裴度也被刺伤。很多官员怕了，觉得不能再打下去了，但唐宪宗力排众议，拜裴度为相，下定决心继续征讨。

又打了一年，还是没赢，朝廷反战的声浪再次起来。

唐宪宗也着急了，怎么办？

裴度请求亲自上前线，他表示："臣与叛军势不两立，敌人已经穷途末路，只是我方将领心意不一，才让吴元济苟延残喘。我这次出发，不除叛贼，誓不回朝！"

唐宪宗十分感动，流泪为他饯行。

此时，唐宪宗与裴度都没有想到，以后擒杀吴元济的名将其实已在军中。

他便是名将李晟（shèng）之子——李愬（sù）。

李愬在淮西负责指挥西路大军。他以西路军总司令的身份巡视前线，见常吃败仗的唐军队伍不整，旌旗不展，很害怕打仗，便发表了一个简短的讲话，大意是——

皇上派我前来抚慰大家，我不会打仗，你们只要守住西线就行了。

李愬虽是将门虎子，但从未打过仗，让吴元济以为他是个胆小鬼，逐渐放松了蔡州城西线的戒备，将主力压在北线。

李愬示弱成功，见吴元济主力北上，便暗中扩充兵力，积极准备进攻。

搜集情报

　　后来，李愬的手下抓住了淮西猛将丁士良。唐军中很多人吃过丁士良的亏，大伙请求杀了他，为死去的士兵报仇。然而李愬不但没有杀丁士良，还让他做官。丁士良感激李愬，常为他出谋划策。李愬因此打下了淮西的两个据点，还先后收服了两个降将——李祐和李忠义。

　　兵法云：知己知彼，百战不殆。李愬知道要攻入蔡州城，需要了解敌情的人。但吴元济占据淮西30年，唐军不知蔡州城的虚实。李祐与李忠义两将的情报，是老天给李愬送来的。

　　他十分重视这些情报，常常与二人讨论攻取蔡州的方略到深更半夜。

　　李愬在朗山方向打了败仗，大家很失落，他反而很高兴，说正好用来麻痹吴元济。接着，他又招募了三千人，亲自训练，称之为突击队。

此时，北路唐军取得大捷。

吴元济见西线平安无事，又调蔡州兵力增援北边的守军。

宰相裴度亲临北线，更使吴元济将注意力集中在北线。裴度督战，奏报皇上，撤去了监军的宦官，使东路、南路唐军都向前推进，又牵制了吴元济两万多兵力，使得叛军大本营蔡州城和西线的兵力更加空虚。

这为李愬奇袭蔡州创造了有利的条件。

秘密出兵

这一年的九月二十八日，李愬下令出兵，向东进攻吴房。

冷兵器时代，有晦日（月底）不出兵的常例，李愬此令，违背常理。

众将劝道："今天是凶日，不利出兵。"

李愬说："正因为是凶日，敌人一定不防备我们，是我们奇袭的好时机——他们的凶日。"果然，唐军出其不意，一鼓作气攻下吴房外城。众将建议乘胜拿下吴房的内城，李愬不准，他认为让敌人分散兵力来守城，有利于自己突袭蔡州。

于是大军继续东进。

路上，李祐建议："蔡州的精兵已经被调空，守城的都是老弱残兵，我军可以乘虚袭取蔡州！"李愬认可，立即派人向裴度密报作战计划，获得批准。

十月的一天，风雪交加。李愬下令，秘密进军蔡州。

大家都不知道怎么回事，只是按照命令向东进发，走了约60里，一举攻克淮西战略据点张柴村。李愬命令士兵稍微休息一会儿。他又留五百人镇守在那里，并命人断绝各路桥梁，以防北线守敌回救蔡州。部署完毕，天色已晚，北风呼啸，雪片飘飘。这时，中军传出号令，乘夜进兵。众将问作战方向，李愬这才明确告诉他们：入蔡州城捉拿吴元济！

奇袭蔡州

夜半时分，风雪越来越大。

将士们面若刀割，手似针扎，军旗都被吹破了，人马冻死的随处可见。但李愬平时治军严厉，无人敢犯军令。大军继续急行70里，赶到蔡州，天还没亮。

李愬见城边有一个养鹅鸭的池塘，就让士兵搅击，"嘎嘎"之声顿时响起，

嘎嘎嘎

掩盖了大军行动的脚步声。蔡州城上的守兵，因天冷都躲着睡觉去了。只有几个更夫听到鹅、鸭的叫声，但是他们也没放在心上，没有登城巡望。

很快，唐军全部到达城下。李祐令突击队在城墙壁上挖出一个个坑，突击队踩着这些坑爬上城楼，杀了正在熟睡的守兵，只留下更夫，让他们继续巡逻以免惊动敌人。李祐等人打开城门，迎李愬大军入城。就这样，一座蔡州城神不知鬼不觉地被唐军占领了。

鸡鸣时分，雪停了。

有人报告吴元济，说唐军到了蔡州，他还不信。等到他起床，听到唐军发号施令，应答的有上万人，才感到害怕，仓促带着亲兵登上牙城，负隅抵抗。唐军用火烧城门，蔡州百姓吃够了吴氏父子的苦头，纷纷背着柴火帮唐军。吴元济见大势已去，只好弃械投降。淮西的申、光二州守军见蔡州已破，也不战而降。

李愬取胜，用囚车把吴元济押赴长安。

裴度、李愬平定淮西的消息传到河北，藩镇大为震动，纷纷上表请求归附中央。唐朝出现自肃宗以来前所未有的统一，史称"元和中兴"。

（故事源自《资治通鉴》）

知识卡片

藩镇割据是怎么回事？

唐朝中期，随着边境和重要地方节度使的设立，地方势力逐渐强盛，不再服从中央的命令。安史之乱后，有的节度使在其辖区内扩充军队，委派官吏，征收赋税，形成地方割据势力。唐宪宗时，裴度为相，李愬平定了多年不臣的淮西藩镇，极大提高了中央的威望，取得了朝廷削藩的短暂胜利，出现了"元和中兴"。但是，中兴是短暂的，藩镇割据与朋党之争、宦官专权一直伴随到唐王朝灭亡。

露珠引发的惨案

元和中兴是短暂的，唐宪宗晚期，在朝廷中逐渐形成了党争局面，也就是两个派系间的斗争，这两个派系后来分别以牛僧孺和李德裕为首，其斗争越演越烈，两党争相攀附有权势的宦官，使宦官更加得势。

牛僧孺、李德裕两位宰相的争夺，弄得唐文宗心力交瘁。宦官专权，更弄得他心灰意冷，连朝都不愿意上了。

这是怎么回事呢？唐文宗李昂，是被稀里糊涂推上皇帝宝座的。当时，宦官们杀了唐敬宗，大宦官王守澄与另一个宦官争权，仓促之下，拥立了唐文宗。

唐文宗目睹宪宗、穆宗与敬宗的悲惨下场，时刻不忘清除宦官，重振朝纲，但谈何容易。

秘密谋划

唐文宗想在朝臣中找帮手，可牛、李两党忙于争斗，还时常勾结宦官，根本不管他的想法。一年后，他选中了没有参加党争的翰林学士宋申锡，把他提拔为宰相，与他商量诛杀宦官，但失败了。

两年后，唐文宗重用郑注、李训，再次谋划消灭宦官势力。

郑注，身材矮小，因博学多闻、精通医术脱颖而出。更因为唐文宗治好了风疾受到唐文宗的喜欢。

郑注知道唐文宗想要除去宦官，就向皇上推荐了李训。

李训，仪表堂堂，因善于辩论，又多权术，被唐文宗赏识。

唐文宗常与郑、李二人推心置腹。他采纳郑注的建议，利用宦官之间的矛盾，任命宦官仇士良为左神策军中尉，掌管一部分禁卫军，削弱了大宦官王守澄的权力。没多久，又解除了王守澄的兵权。王守澄丢了兵权，唐文宗一杯毒酒就解决了他。

唐文宗借力打力除去了王守澄，接下来要解决仇士良。

甘露之变

唐文宗与郑注、李训密谋清除宦官的最后一步。

计划是让郑注从凤翔挑选几百名亲兵，趁众宦官参加王守澄葬礼时，把扰乱朝政的宦官斩尽杀绝。可是在郑注的亲兵还没赶到时，京城就已经有了郑注带兵进京的消息。于是，李训请示唐文宗后，决定提前行动，也有人说那是李训想独自立功。

唐文宗上朝时，左金吾卫大将军韩约上殿启奏，说左金吾大厅后院的一棵石榴树上，昨天夜里降了甘露。

在封建王朝时期，天降甘露被认为是吉兆。

李训等人当即带领文武百官向唐文宗庆贺，还请皇帝亲自到后院观赏甘露。唐文宗欣然同意，让李训先去察看。李训装模作样到院子里兜了一圈，过了很久才回来汇报，说："臣奉命检查后院，所见不像是真正的甘露，不可匆忙向全国宣布。"唐文宗表示惊讶，示意仇士良带着宦官再去察看。

仇士良走进左金吾后院，正好遇见韩约，见韩约脸色发白，神情紧张，就问："韩将军为什么这么紧张？"话音未落，一阵风吹起门边挂的布幕，里面藏着许多拿着兵器的士兵。仇士良大惊，急忙往外跑，奔向唐文宗与大臣所在的含元殿。

一进殿，仇士良就对皇帝喊："宫里要发生暴乱了！"李训见他跑向含元殿，急忙召集禁军去含元殿护驾，但仇士良和宦官们已经把唐文宗抢在手里，拉进软轿，抬起就走。李训上前拦住轿子，对唐文宗说："臣奏请朝政还没有完，请陛下暂时留步。"

仇士良怒气冲冲地说："你们在宫里布置武装，要谋反吗？"

唐文宗连忙说："这不可能。"

仇士良根本不听，跑过来与拉着软轿的李训厮打起来。

李训从靴子里拔出匕首，要刺杀仇士良，被宦官拦住。

此时，李训的手下带着士兵赶来。仇士良一边令宦官抵挡，一边带着宦官把唐文宗抬向宣政门。李训也被宦官截住打倒在地，等他挣扎着站起来时，宣政门已经关闭。唐文宗被宦官们挟持进了内宫，诛杀宦官的计划又一次失败了。

仇士良回到内宫，立即指挥神策军出宫镇压，血洗京城。李训走投无路被捕。郑注从凤翔带兵进京，得到消息，想退回凤翔，也被监军宦官杀死。这次事变受牵连被诛杀的官员有一千多人。

历史上称这个事件为"甘露之变"。事变之后，唐文宗被软禁，最后抑郁而死。仇士良拥立唐文宗的兄弟李炎即位，他就是唐武宗。此后，仇士良上挟天子，下凌宰相，气焰更盛。

（故事源自《资治通鉴》）

雕版印刷术的技术要领

　　雕版印刷术发明于唐朝，并在唐中后期开始普遍使用。雕版印刷使用的一般是纹质细密坚实的木材，如枣木、梨木等。工人需要把木材锯成一块块木板，之后把要印的字写在一张薄纸上，并反贴在木板上，然后用刀把每个字的笔画一笔一笔刻出来，使每个字的笔画突出在木板上。木板雕刻好以后，就可以印书了。印刷的时候，先用蘸好墨的刷子在刻好字的木板上刷一下，再用白纸覆在板上，用一把干净的刷子在纸背上轻轻刷一下，使每个字都印到白纸上，之后把纸揭下来，这样就印好了一页书。

黄巢大起义

唐朝后期，朝政混乱不堪，百姓生活苦不堪言。于是，大规模的农民起义如狂风一样席卷而来。其中最著名的是王仙芝和黄巢领导的起义军。

天灾引发起义

黄巢，出生在一个世代贩卖私盐的家庭。他小时候读过一些书，长大后去京城参加科举考试，但考了多次都没有考取。他一气之下写了首诗，这首诗叫《不第后赋菊》：

> 待到秋来九月八，我花开后百花杀。
>
> 冲天香阵透长安，满城尽带黄金甲。

这首诗很能反映他的志向，暗示他要推翻黑暗腐朽的唐王朝统治的决心。

有一年，河南、山东地区自然灾害特别严重。先是旱灾，夏天麦子歉收一半，入秋之后是洪灾，庄稼颗粒无收。百姓四处流浪乞讨，到处可见饿死的灾民。

唐僖宗也知道了灾情，下令赈（zhèn）灾，但诏书没人执行，这是怎么回事呢？

原来是州县汇报没有灾情。

地方官员如果报告灾情，就要免收百姓的赋税，而官员政绩是根据税收来定的，为了升官，很多官员就不报灾荒。陕州有个刺史，见百姓来报灾荒，不仅不处理，而且指着院中的树说："你们看，树上还有叶子，哪里有旱灾！"

这年冬天，王仙芝率众首先起义。后来，黄巢也在家乡冤句起兵响应。两支队伍会合后，以王仙芝为首领，转战山东、河南一带，接连攻下许多州县，声势越来越大。地方围剿不力，朝廷无奈，只得采用软的一手——招安。

唐僖宗派人来诱降王仙芝，许诺如果他归顺朝廷，就封他做大官。

王仙芝有些动摇，但黄巢坚决反对。两人分道扬镳（biāo），王仙芝向西进军，黄巢向东发展。不久，王仙芝在湖北战败被杀，部下投奔黄巢。

黄巢汇合两军，自称冲天大将军，避开唐在洛阳的重兵，掉头南下向江南挺进。起义军一路势如破竹，一直打到广州。因水土不服，起义军在广州休整后又立即北上流动作战。

唐僖宗逃跑，黄巢当皇帝

唐僖宗见黄巢作战生猛，便任命淮南节度使高骈（pián）为总司令，征调多路大军合剿。

面对敌强我弱的局面，黄巢巧施缓兵之计：一面用重金贿赂（huìlù）唐军将领，让他们减少进攻；一面给高骈写信，表示愿意投降。高骈上当了，为了独占军功，他上奏朝廷，请求撤回各路大军，朝廷准奏。黄巢见唐军散去，便抓住时机攻打高骈，打得高骈躲在扬州不敢出来。

唐僖宗本对高骈寄予厚望，见他都做缩头乌龟，顿时慌了手脚。他本来以为做皇帝可以任性地玩耍，事情都可以交给手下人办。

他最擅长打马球，曾对身边的人说："如果有科举考击球，朕应当是状元。"可惜黄巢不与他比打球，要比打仗。

黄巢打了几年仗，已经看出了各个藩镇心怀鬼胎，便发出檄（xí）文，声称只向李唐问罪，不与藩镇争锋。这样，本来就不想为唐王朝卖命的节度使，纷纷避开起义军锋芒。起义军迅速壮大到五六十万人，顺利攻占洛阳、潼关。

潼关失守，唐僖宗只得学唐玄宗李隆基奔蜀。

不久，起义军进入长安，唐朝来不及逃走的许多官员赶到灞（bà）上跪迎黄巢进城。黄巢坐着用黄金装饰的轿子进入长安，向百姓宣告："黄王起兵，是为了老百姓，不像李氏不爱你们，请大家不要害怕！"并把粮食和物品分给贫苦百姓。几天后，黄巢在长安称帝，建立大齐政权。

最终失败

黄巢进了长安，不打仗了，乐滋滋地做起皇帝来。现在，轮到唐僖宗来研究打仗了。他发布诏令，让天下藩镇出兵救皇上。

凤翔节度使郑畋（tián）一面假装归降起义军，一面秘密联络藩镇，训练士兵，打造武器，准备反攻。三个月后，郑畋联络各藩镇，围攻长安。

唐僖宗又请来李克用的骑兵助战，还诱降了负责起义军东线防守的大将朱温。

这下，黄巢抵挡不住了。内外交困，黄巢被迫撤离长安。

一路上，他又接连溃败，在撤退到泰山狼虎谷时，兵败自杀。

唐朝也因黄巢起义的冲击而名存实亡。

鹬蚌相争，渔翁得利。各地藩镇在镇压起义的过程中纷纷壮大，成为大大小小的割据力量，中原大地开始上演"你方登罢我登场"的历史剧。

（故事源自《资治通鉴》）

唐代的马球运动

马球又叫击鞠（jū），是一种骑在马上持杖击球的集体性竞技游戏。比赛用球如拳头大小，球场约有三个足球场大。唐朝非常重视马球运动，将它作为军事训练的手段之一。唐代很多帝王都喜欢打马球，如玄宗、宣宗、僖宗等。由于帝王倡导，当时马球运动很盛行，晚唐高骈等人都以打球起家，经常陪皇帝打球，被称为"打球供奉"。

你怎么看？

为什么农民起义军的首领得胜后都想当皇帝？

朱温篡唐建梁

黄巢防守长安城的东线大将朱温，从小就是个无赖。长大后，朱温也不喜欢工作。仗着有力量，常欺负人，还以此自夸，乡里人都不喜欢他。

黄巢起义时，他参加了起义军，因作战有功，升为队长。起义军攻入长安，他因表现出色，被黄巢任命为东线的防务大将。

朱温加入黄巢的起义队伍，是因为没饭吃。等黄巢势力渐衰，长安没饭吃的时候，他就有了别的想法。刚好又受到黄巢身边人的排挤，他就投降了唐朝。唐僖宗大喜过望，让他担任重要的官职。

朱温很满意，围剿黄巢也很卖力。他与李克用的沙陀骑兵，是围攻黄巢的主力。当然，举着效忠唐朝的大旗，打的却是自己的算盘，他开始兼并周边的藩镇。

碾压对手

五月的一天，朱温为感谢李克用出兵帮他抗击黄巢大军，盛情宴请李克用。李克用喝醉了，说了几句朱温不喜欢听的话，惹恼了朱温。

夜晚，李克用与他带来的亲兵睡在驿馆。朱温动了杀机，他让手下用车子和栅栏围住驿馆，放火围攻，想提早清除这个潜在的对手。李克用身边十几个亲兵挡着朱温手下的进攻，可他自己却烂醉如泥。危急时刻，侍卫吹灭了蜡烛，把李克用拉到床下，用凉水将他泼醒，告诉他情况有变。李克用挽弓而起，逃出门去。幸亏老天帮忙，一场突如其来的暴雨浇灭了大火，李克用杀出驿馆，趁着天黑雨大，借着雷电之光，逃回大营。

李克用回到军营，连续向唐僖宗上了好几道奏章，说朱温加害自己，日后必为国家的祸患，要求朝廷讨伐。但唐僖宗要依靠朱温对付黄巢，当然是做和事佬，李克用没有办法。此后，他与朱温结仇，相互攻伐。

朱温这时的对手，除了李克用，还有割据中原的其他藩镇。几年后，朱温把他们全都打败了，控制了黄河以南至淮河的广大地区，势力超过李克用。

唐僖宗病死后，宦官们拥立他的弟弟李晔（yè）为帝，他就是唐昭宗。唐昭宗

英气勃发，有恢复祖宗基业的雄心壮志，但仍受制于宦官。当时，宰相写信给朱温，请求他出兵铲除宦官。

朱温于是率军入关，支援宰相。宦官们吓坏了，连忙劫持唐昭宗逃到凤翔，请求节度使李茂贞的保护。

两军打了一年多，李茂贞不是朱温的对手，躲在城内不出来。

朱温下令围城，天天让士兵在城下叫骂："劫天子贼！"

李茂贞的士兵也在城头回骂："抢天子贼！"

后来，城上骂不动了，因为城里严重缺粮。没有饭吃，只能节省体力了。

城里没有粮食，能吃的都吃光了，最后连皇帝都吃不饱肚子了。唐昭宗找来李茂贞，说："我的侍从每天总要饿死几个。你们赶快和解吧……"

李茂贞没有办法，只能杀了宦官，把到手的宝贝——唐昭宗，送给朱温。

朱温接唐昭宗回到长安，和宰相一合计，把宦官杀个精光。和东汉王朝一样，宦官集团被诛杀后来了个董卓。朱温就是当时的董卓，他完全控制了朝廷，并挟持唐昭宗去洛阳。

逼皇帝让位

唐昭宗的车驾赶往洛阳，两边百姓夹道欢迎，欢呼万岁。

唐昭宗见了百姓，悲从中来，忍不住哭了起来，说："你们不要喊万岁了，朕今天已经不是你们的天子了。"他已经很清楚自己的人质身份了。唐昭宗转过身，对身边的随从叹息："朕今日漂泊，不知会到哪里呢？"

朱温担心留着唐昭宗可能是个祸害，就下令除去他。唐昭宗被杀后，朱温立昭宗的儿子为傀儡（kuǐlěi）皇帝，准备随时取代唐王朝。

907年，朱温逼皇帝让位，正式称帝，曾经辉煌灿烂的唐帝国至此灭亡。朱温建立的国家叫作梁，史称后梁。

（故事源自《资治通鉴》）

唐代的驿馆

　　唐代的驿馆大致承担通信、接待、运输等方面的任务。驿馆有点类似现在的宾馆，供传递公文以及往来的官员休息住宿。传递信息的人可以在这里喝口茶，换换马，休息一会儿。唐代的驿馆系统已经非常发达了，一般30里设一驿，驿馆遍布天下，如唐玄宗时全国有驿馆1600多个。

李存勖灭后梁

李克用争不过朱温,但儿子教得比朱温好。李克用死后,儿子李存勖(xù)曾袭击梁军大营,大获全胜。朱温得到战报,感慨说:"生子当如李亚子(李存勖的小名),至于我的孩子,像猪狗一样啊!"

朱友贞不辨忠奸,李存勖得战机

923年,李存勖在魏州称帝,以唐为国号,史称后唐。李存勖就是后唐庄宗,他英勇善战,打得后梁没有招架之力。

朱温的儿子梁末帝朱友贞虽然不荒淫,但亲近小人,把国家治理得一塌糊涂。

大臣敬翔心系国家,眼见国家危亡,拿了根绳子藏在靴子里,入宫见朱友贞,说:"陛下弃臣不用,不听臣言,臣不如去死。"说完,从靴子里掏出绳子就要上吊。

朱友贞急忙拦住他,问有何救国之策。

敬翔语气坚定,说:"国家危亡,非用王彦章不可。"王彦章,后梁大将,外号王铁枪,以骁勇著称。

朱友贞听后,马上以王彦章为北线主将,去抵挡李存勖。他问王彦章:"几天可以破敌?"

王彦章答:"三天。"

大家都哈哈大笑,认为他在吹牛。

不料,王彦章真的用了三天时间就将敌军压在了黄河北岸。他挡住了李存勖的进攻,打了胜仗后扬言:"等我得胜回朝,就诛杀奸佞(nìng),以谢天下。"

所谓奸佞就是指朱友贞身边的赵岩、张汉杰等人。他们十分害怕,私下商量:"我们宁可死在李存勖手里,也不能落在王彦章手上。"

原来他们一直与王彦章的副手段凝有勾结,想联手排挤王彦章。他们把王彦章的战功记在段凝身上,还暗示朱友贞:王彦章功高难制。

朱友贞不辨忠奸,竟然在赵、张等人的唆使下,想让段凝取代王彦章。敬翔

劝谏朱友贞,说:"将帅关系国家安危,不可随意更换啊!"朱友贞不听,让段凝担任北线主帅,把王彦章发配到东线。

任命状一到黄河北岸大营,梁军老将个个愤怒,连士兵都不服。有人甚至选择了投降,比如康延孝。康延孝认为朱友贞昏聩,赵、张等人擅权,而段凝智勇全无,只会巴结权贵,不顾将士死活,所以不值得为他们效力。他带着一百多人投降李存勖,还建议李存勖偷袭汴梁(今河南开封)。不久,段凝率梁军主力进至临河,又有传闻说契丹大军将在入冬后南下。这样一来,李存勖面临腹背受敌的危险。他连忙与众将商议,多数人建议划黄河为界与梁议和。但李存勖不愿意,他单独与谋臣郭崇韬商量。

郭崇韬建议:"取道东边的郓(yùn)州,奇袭汴梁!"

这与李存勖的想法不谋而合。

刚好，东线的李嗣（sì）源在郓州击败了王彦章的进攻。消息传来，李存勖大喜，下令把将士的家属送到后方，他对自己的家人说："成败在此一举。如果不成功，我们就集合在魏州宫殿，一火焚之！"

豪迈宣誓后，他让唐军主力固守魏州，牵制段凝，自己则亲率步骑四万人南下。

兵贵神速，后梁灭亡

在郓州与李嗣源会合后，将士们越过汶（wèn）水，与王彦章激战，一战而胜，斩杀数千，还活捉了王彦章。初战告捷，李存勖大宴众将，说："以前大

家顾虑王彦章,现在彦章已经被抓,这是上天要灭梁啊。不过段凝还在黄河边,我军下一步该怎么走?"

众将认为,眼下还是先占领东线的地盘,然后再伺机而动,这是万全之策。不过,康延孝力主迅速攻取汴梁。先锋李嗣源支持康延孝,说:"兵贵神速,汴梁空虚,段凝回师不如我军进攻快。我军应快速攻入敌人心脏,抓获朱友贞!"

李存勖听从了这个建议,命李嗣源率前军当天夜晚出发,自己率领主力继后,加速行进,直插汴梁。

不久,李嗣源率领军队到达曹州,梁军守将不战而降。梁末帝得知东线溃败,急忙派人去叫段凝回师相救,但已经来不及了。朱友贞见援兵无望,便自杀了。两天后,唐军赶到汴梁,守将开门投降。

随后,段凝在黄河边率军请降,后梁灭亡。

(故事源自《资治通鉴》)

石敬瑭做了"儿皇帝"

放虎归山

926年，有个地区发生兵变。李存勖不得已派李嗣源率军去镇压。军队走到半路，士兵又发生叛变。李嗣源打算返回朝廷向皇帝当面解释，路上他多次上奏章，向皇帝表明自己没有反叛之心，但都被人拦截，没有送到。李嗣源的儿子也被人扣留在卫州。因此他十分不安，后来在石敬瑭等人的劝诱之下，才决定叛变。

石敬瑭为李嗣源取代李存勖立下汗马功劳，并因此不断受到重用，直至任河东节度使。

石敬瑭是沙陀人，父亲是李克用的部将。他从小沉默寡言，志向远大，喜欢读兵书，仰慕战国名将李牧与汉朝名将周亚夫。当时，身任代州刺史的李嗣源很

赏识他，把自己的女儿嫁给他，还让他统领自己的精锐——左射军。石敬瑭也不负重托，多次救主，以骁勇著称。

后唐明宗李嗣源死后，养子李从珂率军攻入洛阳，抢得帝位，开始怀疑石敬瑭，处处提防他。石敬瑭生了一场大病，瘦骨嶙峋，一副将死的样子，这才让李从珂（kē）暂时消除了顾虑。他对身边人说："石郎是我至亲，从小与我共患难，现在我做了天子，不托付石郎还能依靠谁呢？"于是，在安葬李嗣源之后，便让石敬瑭回河东复任节度使。

这是一次放虎归山。

君臣相互猜忌

河东的治所（政府驻地）在晋阳，是北方重镇。

石敬瑭回去后，一边多次说自己身体不好，打报告请求解除兵权，一边借口防范契丹，要求朝廷调运军粮。他在晋阳生活简朴，不近声色，不设宴会，常召下属谈论民间疾苦和为政得失。

但是，李从珂还是不放心他。大臣们也认为石敬瑭会叛变。他们认为石敬瑭一定会谋取契丹的支持，因此，有人提出只要答应与契丹和亲，再给他们一些钱，石敬瑭就很难造反。

李从珂觉得有道理，但遭到大臣薛文遇的反对，他说："以天子之尊，屈身侍奉夷狄，这不是莫大的侮辱吗？如果他们要娶公主，我们真的要'安危托妇人'吗？"

李从珂听后，心里十分不是滋味。因为薛文遇引用了一句唐诗"安危托妇人"，这是在嘲讽汉元帝无能，把安危托付在王昭君一个弱女子身上。于是，李从珂拒绝了联络契丹的建议。

这年春节，石敬瑭的妻子即将回晋阳时，李从珂趁着醉意，对她说："为何不多留几天呢，难道急着回去要和石郎造反吗？"公主回到河东，告诉了石敬瑭。石敬瑭听了，更加惶恐，连打几份报告，请求解除兵权，移居他镇。

李从珂拿着石敬瑭的报告，召见大臣。薛文遇说："依我看，河东迟早要反，不如答应他，早做准备。"

李从珂思前虑后，批准了石敬瑭的请求，调他到另一个地方当节度使。

　　石敬瑭没有料到李从珂真的同意了。他接到任命，忧心忡忡地对手下将领说："我这次再来河东，皇上当面答应我终身不调离。现在我试探了一下，他竟然同意了。这不就是坐实了今年春节他对我夫人说的话吗？我不想作乱，朝廷却怀疑我，我岂能束手就擒呢？"

　　心腹猛将刘知远等支持造反，谋士桑维翰也说："您是明宗爱婿，契丹与明宗约为兄弟。如果能屈节侍奉契丹，万一情况紧急，朝呼夕至，还担心什么呢？"

　　桑维翰说的契丹是居住在我国北方的一个少数民族，10世纪初，由其首领耶律阿保机建立政权。阿保机死后，耶律德光继位，势力更加强大，屡屡南侵。

　　石敬瑭一听，觉得可行，便向李从珂亮剑。

　　他要求李从珂下台。理由是：李从珂不是明宗亲儿子。

　　李从珂大怒，将檄文撕成碎片，剥夺石敬瑭一切官职，并调兵遣将，围攻晋阳。

　　后唐的内战开始了。

屈节侍奉契丹

石敬瑭不敢怠慢,马上让桑维翰起草了一封求救信,向契丹求援。条件是:愿意以儿子对待父亲的礼节侍奉契丹,同时割让雁门关以北的燕(幽)云十六州。

石敬瑭的许多部将反对这个条件,刘知远说:"您向契丹求救,称臣还说得过去,拜作父亲未免太过分了;再者,多给些财物也不要紧,割地恐怕会留祸患。"但石敬瑭一半是担心守不住晋阳,一半是称帝心切,根本听不进去。

耶律德光收到信,十分兴奋,立即回信:等秋高马肥,一定率倾国之兵支援。

他答应收养这个年长的儿子。

后来,耶律德光亲率五万铁骑,自雁门关南下,援助石敬瑭,当天就打败了李从珂的军队。耶律德光对石敬瑭说:"我三千里赴难,一定要成功。看你的气度、容貌与见识,真是中原的主人啊。我要立你为天子!"

石敬瑭做皇帝后,改元天福,国号为晋(后晋)。他与契丹约为父子之邦,把燕云十六州割让给契丹,每年还向契丹交纳布帛三十万匹。

"儿子"的年龄比"父亲"还大

石敬瑭终于美梦成真做上了皇帝,但有人出来搅局。

后唐的赵德钧奉命围攻晋阳,迎战契丹。但他到了前线却以大量金帛为礼,与契丹秘密交涉,请求耶律德光立自己为皇帝,事成之后,与契丹约为兄弟。

这个秋天,估计耶律德光做梦都要笑出来,因为汉人一个接一个地来巴结他。

石敬瑭得知这个消息,惊恐万分,连忙派桑维翰再到契丹军营,跪在耶律德光的帐前,从早哭到晚,苦苦哀求。耶律德光担心赵德钧切断他的归路,正犹豫着,被桑维翰这么一搞,有点心烦,加上毕竟石敬瑭出的价码高,于是就指着帐前的石头对赵德钧的使者说:"我已经答应了石郎,等到这块石头烂了才能改!"

耶律德光得到土地和财物后,继续帮助石敬瑭向南进军,最后攻入洛阳。李从珂带着家人和传国玉玺登上玄武楼自焚而死,后唐灭亡。

石敬瑭终于没了后顾之忧,但他这个"儿皇帝"受尽了窝囊气。石敬瑭要称比

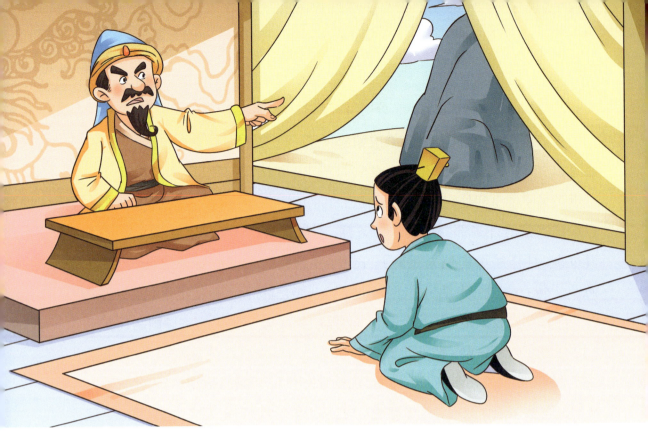

自己小的耶律德光为父；每次契丹使者到来，他这个皇帝都要奴颜婢膝。无论朝中还是民间，都认为这是奇耻大辱，但石敬瑭始终不肯与契丹反目。石敬瑭去世后，他的侄子石重贵继位。石重贵对契丹称孙不称臣，这令耶律德光十分生气，于是连年进兵中原。最终，契丹兵攻进了汴京，俘虏了石重贵。后晋便灭亡了。

（故事源自《资治通鉴》）

知识卡片

燕云十六州

燕云十六州也称幽云十六州、幽蓟十六州，是指幽州（今北京）、云州（今山西大同）等山西、河北北部的十六个州。这些地带是险要之地，易守难攻，自古是北方少数民族南下中原的必经之路，是中原王朝北部边境天然的防御阵地。石敬瑭割让十六州，使得北方游牧民族有了进攻中原的跳板，影响中国历史400年。燕云十六州一直到明太祖朱元璋时才被收复。

你怎么看？

李从珂与石敬瑭之间为什么会相互不信任？

有志青年周世宗壮志未酬

契丹在中原到处烧杀抢掠，激起了中原百姓的反抗，最终无力维持他们在中原的统治，只好率军北撤。契丹撤走后，石敬瑭的部将刘知远乘虚而入，建立了又一个王朝——汉，史称后汉。刘知远当皇帝没多久就死了，他的儿子刘承祐即位，他就是后汉隐帝。后汉隐帝已经成年，即位几年后不愿受顾命大臣的左右，逼反了首席顾命大臣郭威。后来，郭威推翻后汉，建立后周。

所谓五代——梁、唐、晋、汉、周，就是这样一个政权不断被另一个政权取代的乱世。

郭威就是后周太祖。他治国有方，可惜没做几年皇帝就死了。他把帝位传给了养子柴荣，柴荣就是后周世宗。他是个有志青年，立志要收回燕云十六州。

北伐大胜

周世宗当上皇帝没多久，刘知远的弟弟刘崇便在晋阳建立北汉，联合契丹，大举入侵。周世宗想北上亲征，有位德高望重的大臣来劝他，他就是冯道。

周世宗说："我见唐太宗平定天下，敌无大小都亲自上战场。"

冯道说："陛下不能和唐太宗比。"

周世宗说："刘崇那批乌合之众，如果遇上我军，那就如同鸡蛋被压在山下。"

冯道反唇相讥,说:"陛下能做大山吗?"

周世宗大怒,拂袖而去,亲自率领大军与刘崇战于高平。

战争开始,后周军旗开得胜,北汉军受挫。但后周军后续部队未到,以少击多,很快就处于劣势了。刘崇见后周军不多,后悔联合契丹,说:"我们汉军就可破敌,何必要契丹军啊!今天不光要击败周军,还要让契丹心服。"

刘崇骄矜(jīn)轻敌,契丹首领杨衮(yǎn)观望后周军阵势后,对刘崇说:"这是强敌啊,不可轻举妄动。"刘崇却说:"机不可失!"

当时,东北风盛,忽转南风。北汉有大臣以天时有变为理由,劝谏不可与后周军再战,刘崇不听,命先锋进攻后周的右军。后周右军指挥官本来就没有斗志,刚交战就仓皇逃跑,阵脚大乱,还有一千多人投降了。

周世宗见情况危急,亲自上阵指挥。禁军将领赵匡胤(yìn)振臂高呼:"皇上不顾安危,我等更当拼死一战。"他让禁军将领带弓箭手抢占左边高地,自己带着两千士兵从右边出击。赵匡胤的身先士卒,带动了很多人。

后周军人人奋勇争先,局面很快转危为安。

刘崇见后周军威猛,周世宗又亲自临阵,急忙让骁将张元徽迎敌。但张元徽刚上阵,战马就突然倒地,被后周军斩杀。北汉军见主将阵亡,阵脚大乱。刘崇舞旗收兵,也止不住。契丹主帅杨衮见后周军勇猛,又气刘崇骄狂,不愿支援,全军而还。北汉军因此大败,刘崇狼狈逃窜。

周世宗得胜,奖励有功将士,提拔了赵匡胤。同时,严惩了作战不力的将士。从此,骄兵悍将都听从指挥,后周军战斗力大大提高,开始了统一的征程。

半途而返

959年春,周世宗以巡视沧州为名,掩护攻辽的真实企图。

周世宗到达沧州后,当即以韩通、赵匡胤等为将,率军向辽境进发。不久,他们就占领了很多地区。

周世宗在行宫宴请诸将,准备攻取幽州。众将认为周世宗离京多日,兵不血刃就取燕南之地,这是不世之功,但现在辽军精锐齐聚幽州之北,后周军队不宜深入。周世宗听了很不高兴,他的雄心壮志是收复燕云十六州啊,因此,他不顾劝阻，当天就让前军继续推进。

辽穆宗得知周世宗亲征，急忙下令让傀儡政权北汉出兵骚扰周境，同时亲自赶往幽州督战。

一场大战，即将爆发。

在北伐形势一片大好之际，英明神武的周世宗竟然生病了。

虽说，生病是无法预料的，但周世宗这场病不光生得不是时候，糟糕的还是一病不起。后果如此严重，以至于后世流传起"病龙台"的传说——

一天，周世宗来到瓦桥关，探听到辽军已经丧失斗志，非常高兴，他登上高台，视察六军。当地百姓带着酒肉来犒赏军队，周世宗问："老乡，此地叫什么名字？"

有人答道："历世相传，称之为病龙台。"

周世宗一听，心里咯噔了一下。

龙在封建社会指代天子，那不是说他要生病么！神奇的是，当夜周世宗就开始生病。次日，他病情加重，只得班师回朝，不久后病逝。

　　这样，周世宗想收复燕云十六州的梦想，也只能留给后人来完成了。

　　北宋初年，宋太祖也想收复燕云十六州，但最后也壮志未酬。

　　石敬瑭留下的后遗症，两宋三百多年都没有解决，最后要等到明太祖朱元璋来解决，那已经是四百多年之后的事了！

（故事源自《旧五代史》）

你怎么看？

你怎么看待周世宗生病和"病龙台"传说这一神秘的巧合？